KNAUR.LEBEN

Von Toshikazu Kawaguchi ist bereits erschienen:
Bevor der Kaffee kalt wird
Bevor sich unsere Wege trennen

Über den Autor:
Toshikazu Kawaguchi, geb. 1971 in Osaka, Japan, ist Produzent, Direktor und Dramatiker in der Theatergruppe Sonic Snail. Mit »Bevor der Kaffee kalt wird« gewann er den Grand Prize am Suginami Drama Festival, wo es als Theaterstück aufgeführt wurde. Später ist sein literarisches Debüt international zum gefeierten Bestseller geworden. Inzwischen ist die ganze aus vier Bänden bestehende Buchreihe über 2 Millionen Mal weltweit verkauft worden und hat eine riesige Anhängerschaft bei TikTok.

Toshikazu Kawaguchi

Bevor es für uns zu spät ist

Aus dem Englischen übersetzt
von Friedrich Pflüger und Wolfram Ströle

KNAUR.LEBEN

Die Originalausgabe erschien 2017 unter dem Titel
KONO USO GA BARENAI UCHINI bei
Sunmark Publishing, Inc., Tokyo, Japan.

Besuchen Sie uns im Internet:
www.knaur-leben.de

Die Verlagsgruppe Droemer Knaur hat sich zu einer nachhaltigen Buchproduktion verpflichtet. Gemeinsam mit unseren Partnern und Lieferanten setzen wir uns für eine klimaneutrale Buchproduktion ein, die den Erwerb von Klimazertifikaten zur Kompensation des CO_2-Ausstoßes einschließt. Weitere Informationen finden Sie unter www.klimaneutralerverlag.de

MIX
Papier | Fördert gute Waldnutzung
FSC® C083411

Deutsche Erstausgabe April 2024

Redaktion: Werner Wahls
Übersetzung und Redaktion vermittelt von der VerlagsService Mihr Gmbh
Covergestaltung: Verlagsgruppe Droemer Knaur
Coverabbildung: Originalumschlag/Illustration von
Sunmark Publishing, Inc., Japan/Illustration Katze von © Shutterstock
Satz und Layout: Adobe InDesign im Verlag
Druck und Bindung: CPI Books GmbH, Leck
ISBN 978-3-426-44894-6

2 4 5 3 1

If you could go back,
who would you want to meet?

Frau im weißen Kleid

Ein Geist, der auf dem Stuhl sitzt, der einen in die Vergangenheit bringt. Einmal am Tag geht sie zur Toilette. Ansonsten liest sie schweigend in ihrem Buch. Wird sie allerdings von jemandem gestört, verflucht sie ihn.

Kiyoshi Manda

Ein Kriminalbeamter an der Polizeistation von Kanda. Er kaufte seiner Frau ein Geburtstagsgeschenk, gab es ihr aber nie.

Kimiko Manda

Ehefrau von Kiyoshi Manda. Sie geriet in ein Verbrechen und verlor dabei ihr Leben.

Kinuyo Mita

Sie kam vor sechs Monaten mit Krebs ins Krankenhaus. Yukio hat sie nie davon erzählt – sie wollte ihn nicht ängstigen. Doch es ging ihr rasch schlechter, und sie starb.

reiste in die Vergangenheit

Nagare Tokita

Cousin von Kazu Tokita und Eigentümer des Cafés. Er ist ein Riese, fast zwei Meter groß.

Kei Tokita

Ehefrau von Nagare und Mutter von Miki. Vor sechs Jahren starb sie bei Mikis Geburt, weil sie ein schwaches Herz hatte.

Miki Tokita

Tochter von Nagare und Kei Tokita. Sie besucht die erste Grundschulklasse.

Yukio Mita

Sohn von Kinuyo Mita. Er macht in Kioto eine Töpferausbildung.

Kazu Tokita

Bedienung im Café Funiculi Funicula. Bei der Zeremonie, die Menschen in die Vergangenheit bringt, serviert sie den Kaffee.

reiste in die Vergangenheit

Gohtaro Chiba

Führt ein Restaurant für typische japanische Gerichte. Nach dem Tod von Shuichi Kamiya vor zweiundzwanzig Jahren zog er dessen Tochter auf.

kam aus der Vergangenheit

reiste in die Vergangenheit

Katsuki Kurata

Kollegen

Erkrankte vor drei Jahren. Ihm sollten nur noch sechs Monate bleiben.

Fumiko Kiyokawa

Eine Frau, schön wie ein Filmstar. Vor sieben Jahren reiste sie in die Vergangenheit und traf dort den Geliebten, der sie in diesem Café verlassen hatte.

Shuichi Kamiya

Studienfreund von Gohtaro Chiba. Er starb vor zweiundzwanzig Jahren, und seine Tochter wurde Waise.

Asami Mori

Geliebte und Arbeitskollegin von Katsuki Kurata. Bei der Arbeit ist sie Fumiko untergeordnet.

INHALT

DER BESTE FREUND

Gohtaro Chiba hatte seine Tochter zweiundzwanzig Jahre lang angelogen.

Der Romancier Fjodor Dostojewski schreib einmal: »Das Schwierigste im Leben ist, zu leben und nicht zu lügen.«

Menschen lügen aus unterschiedlichen Gründen. Manche Lügen werden erzählt, um sich interessanter zu machen oder in einem vorteilhafteren Licht zu zeigen; mit anderen sollen Menschen getäuscht werden. Lügen können verletzen, doch sie können einem auch die eigene Haut retten. Aber ganz egal, warum sie erzählt werden – meistens werden sie später bereut.

Genau in diesem Dilemma steckte Gohtaro. Ihm machte seine Lüge zu schaffen. Er ging auf und ab vor dem Café, das seinen Kunden die Rückkehr in die Vergangenheit ermöglichte, und murmelte Dinge wie: »Ich wollte doch gar nicht deswegen lügen.«

Das Café war wenige Fußminuten vom Bahnhof Jimbocho in der Tokioter Innenstadt entfernt. Es war in einer schmalen Seitenstraße zwischen Bürogebäuden gelegen, ausgewiesen durch ein kleines Schild mit seinem Namen »Funiculi Funicula«. Das Café lag im Keller, und ohne dieses Schild wären die Leute achtlos daran vorübergelaufen.

Gohtaro ging die Treppe bis zu der verzierten Tür hinunter. Er murmelte noch immer, schüttelte den Kopf, drehte sich herum und stieg die Stufen wieder hinauf. Dann allerdings blieb er mit nachdenklicher Miene stehen. Eine Weile lang ging er hin und her und stieg die Treppe immer wieder hinauf und hinunter.

»Warum kommen Sie nicht herein und grübeln drinnen darüber?«, war unversehens eine Stimme zu hören.

Erschrocken drehte sich Gohtaro um und sah sich einer kleinen Frau gegenüber. Über der weißen Bluse trug sie eine schwarze Weste und eine Kellnerschürze. Sie war anscheinend die Bedienung des Cafés.

»Ah ja, also ...«

Während Gohtaro noch eine Antwort stammelte, schob sich die Frau an ihm vorbei und ging rasch die Treppe hinunter.

Ding, dong.

Eine Kuhglocke läutete, als sie das Café betrat. Obwohl sie ihn eigentlich nicht dazu genötigt hatte, ging Gohtaro abermals die Stufen hinunter. Er verspürte eine merkwürdige Ruhe in sich, fast als wäre das, was ihm auf dem Herzen lag, mit einem Mal offengelegt worden.

Er war beharrlich auf und ab gegangen, weil er sich nicht sicher war, ob es wirklich das Café war, in dem man »in die Vergangenheit reisen konnte«. Eigentlich hatte er seinem alten Freund ja geglaubt, als der ihm von dem Gerücht erzählt hatte – aber wenn das nun doch alles erfunden war, wäre er als Kunde ziemlich blamiert.

Konnte man aber tatsächlich in der Zeit zurückreisen, dann galt es, wie er gehört hatte, einige ärgerliche Bedingungen zu erfüllen. Eine besagte, man könne in der Vergangenheit nichts unternehmen, das die Gegenwart veränderte, so sehr man sich auch bemühte, und Gohtaro fragte sich, warum er dann überhaupt zurückreisen sollte?

Trotzdem stand er jetzt vor der Eingangstür des Cafés und dachte: Ich will es aber trotzdem tun.

Hatte die Frau eben seine Gedanken gelesen? Normalerweise hätte sie ihn in dieser Situation wohl eher gefragt: Möchten Sie hereinkommen? Sie sind herzlich willkommen.

Stattdessen hatte sie gesagt: Warum kommen Sie nicht herein und grübeln drinnen darüber?

Vielleicht hatte sie ja gemeint: Ja, Sie können in die Vergangenheit reisen, aber kommen Sie doch erst einmal herein und entscheiden sich dann dafür oder dagegen.

Das größere Rätsel war, woher die Frau wissen konnte, weshalb er gekommen war. Und doch verspürte er einen Funken Hoffnung. Die beiläufige Bemerkung der Frau hatte bei ihm eine Entscheidung ausgelöst. Er streckte die Hand aus, drehte den Türknauf und öffnete die Tür.

Ding, dong.

Dann betrat er das Café, in dem man dem Vernehmen nach in die Vergangenheit reisen konnte.

Gohtaro Chiba war einundfünfzig Jahre alt und kräftig gebaut, was wohl etwas damit zu tun hatte, dass er während der Highschool und an der Universität Teil der Rugbymannschaft gewesen war. Noch heute trug er Anzüge der Größe XXL.

Er lebte zusammen mit seiner Tochter Haruka, die in diesem Jahr dreiundzwanzig wurde. Als Alleinerziehender hatte er manche Mühe mit ihr gehabt. Sie wuchs auf mit dem Wissen, dass ihre Mutter an einer Krankheit gestorben sei, als sie noch klein war. Gohtaro besaß den Kamiya-Diner, ein bescheidenes Lokal in Hachioji in einem Außenbezirk von Tokio. Man bekam dort Speisen mit Reis, Suppen und Beilagen; Haruka ging ihrem Vater dort zur Hand.

Hinter der zwei Meter hohen Holztür musste er zunächst einen kurzen Gang durchqueren. Geradeaus führte eine Tür zur Toilette; in der Wandmitte rechter Hand lag der Eingang zum Café. Als er dieses betrat, sah er auf einem Hocker an der Theke eine Frau. Diese rief sofort: »Kazu! Kundschaft!«

Neben der Frau saß ein Junge im Grundschulalter. Am hinteren Tisch entdeckte er noch eine Frau in einem weißen, kurzärmeligen Kleid. Sie war sehr blass, las schweigend in einem Buch und schien sich nicht für die Welt um sie herum zu interessieren.

»Die Bedienung ist eben erst vom Einkaufen zurückgekommen, aber Sie können ja schon mal Platz nehmen. Sie wird gleich kommen.«

Um Förmlichkeiten schien sich die Frau an der Theke auch Fremden gegenüber nicht zu kümmern, denn sie hatte Gohtaro wie einen Vertrauten angesprochen. Offenbar war sie hier Stammgast. Statt zu antworten, nickte er nur dankbar. Sie sah ihn unverwandt an, und ihr Blick schien zu sagen: Sie können von mir alles über dieses Café erfahren, was Sie wollen. Er tat aber lieber so, als hätte er es nicht bemerkt, und ließ sich am Tisch gleich beim Eingang nieder. Er blickte sich um. Da waren mehrere alte Standuhren, die fast bis zur Decke reichten. Und wo sich die Deckenbalken kreuzten, zog ein Ventilator träge seine Runden. Der erdfarbene Wandputz erinnerte ihn an beigefarbenes Kinako, geröstetes Sojamehl. Alles wirkte sehr alt, und die Oberflächen hatten im Lauf der Jahre eine wolkige Patina angenommen. In dem fensterlosen und nur von Hängelampen mit Schirmen erleuchteten Kellerraum war es ziemlich düster, das Licht deutlich sepiafarben.

»Hallo. Willkommen!«

Die Frau, die ihn auf der Treppe angesprochen hatte, kam aus dem Hinterzimmer und stellte ihm ein Glas Wasser hin.

Sie hieß Kazu Tokita. Ihr mittellanges Haar war nach hinten gebunden, und über der weißen Bluse mit der schwarzen Fliege trug sie eine schwarze Weste und eine Kellnerschürze. Kazu war die Bedienung des Funiculi Funicula. Sie hatte ein hübsches Gesicht mit mandelfömigen Augen, besaß ansonsten aber keine auffälligen Merkmale, die einen dauerhaften Eindruck hinterlassen würden. Hätte man nach einer Begegnung mit ihr die Augen geschlossen und versuchte, sich an das Gesehene zu erinnern, dann würde einem nichts einfallen. Sie zählte zu den Menschen, die in einer Menschenmenge leicht verschwinden konnten. Kazu wurde in diesem Jahr neunundzwanzig.

»Ah, hm … Ist das hier, wo man …«

Gohtaro war völlig ratlos, wie er die Sache mit der Reise in die Vergangenheit ansprechen sollte. Kazu betrachtete ihn seelenruhig in seiner Not. Dann wandte sie sich zur Küche um und fragte: »In welche Zeit möchten Sie denn zurückreisen?«

Aus der Küche hörte man Kaffee im Siphon gurgeln.

Die Bedienung muss Gedanken lesen können.

Im Raum verbreitete sich feiner Kaffeeduft, der seine Erinnerung an jenen Tag heraufbeschwor.

Genau vor diesem Café war es gewesen, dass Gohtaro zum ersten Mal nach sieben Jahren wieder Shuichi Kamiya traf. Die beiden hatten an der Universität als Mannschaftskameraden zusammen Rugby gespielt.

Gohtaro war inzwischen obdachlos geworden und völlig abgebrannt, denn er hatte seinen ganzen Besitz veräußern müssen, weil die Firma eines anderen Freundes, für den er gebürgt hatte, in Konkurs gegangen war. Gohtaros Kleider waren schmutzig, und er roch schlecht.

Aber Shuichi ließ sich das nicht anmerken, er schien sich über das Wiedersehen wirklich zu freuen. Er lud Gohtaro ins Café ein, und als er erfuhr, was geschehen war, schlug er vor: »Komm doch und arbeite in meinem Lokal.«

Als talentierter Rugbyspieler war Shuichi nach dem Studienabschluss von einem Unternehmen aus Osaka in die Mannschaft für eine Firmenliga berufen worden. Allerdings hatte eine Verletzung seine Karriere nach nicht einmal einem Jahr beendet, und er fand Arbeit bei einer Restaurantkette. Shuichi war unverbesserlicher Optimist. Er nahm dies als Chance, arbeitete dreimal so hart wie alle anderen und stieg bald zum verantwortlichen Manager für ein Gebiet mit sieben Filialen auf. Nach seiner Heirat machte er sich selbstständig und eröffnete gemeinsam mit seiner Frau ein kleines Restaurant. Dort sei viel los, und man könne Hilfe gut gebrauchen.

»Wenn du mein Angebot annimmst, hilfst du damit auch mir.«

Gohtaro, der in seiner misslichen Lage schon alle Hoffnung aufgegeben hatte, brach voller Dankbarkeit in Tränen aus und nickte: »Ja natürlich! Das mache ich.«

Shuichi erhob sich strahlend: »Und warte mal ab, bis du erst meine Tochter zu sehen bekommst!«

Der ledige Gohtaro war einigermaßen überrascht, dass Shuichi schon ein Kind hatte.

»Deine Tochter?«, antwortete er und machte große Augen.

»Genau! Sie ist gerade erst zur Welt gekommen. Sie ist so – süß!«

Shuichi nahm die Rechnung und ging zur Kasse hinüber. »Entschuldigung bitte, ich würde gerne bezahlen.«

Der Mann an der Theke war etwa im Highschool-Alter. Er war hoch aufgeschossen, an die zwei Meter, und hatte schmale, abwesend wirkende, mandelförmige Augen.

»Das macht siebenhundertsechzig Yen.«

Als ehemalige Rugbyspieler waren Gohtaro und Shuichi größer als die meisten, aber beide mussten zu dem jungen Kerl aufsehen. Sie blickten sich sogleich an und lachten, weil sie wahrscheinlich genau dasselbe dachten: Dieser Typ ist fürs Rugby gemacht.

»Hier Ihr Wechselgeld.«

Shuichi nahm es entgegen und ging zum Ausgang.

Bevor er obdachlos wurde, war Gohtaro als Erbe der väterlichen Firma, die jährlich mehr als hundert Millionen Yen eingebracht hatte, wohlhabend gewesen. Eigentlich war er ein ernsthafter Mensch gewesen, aber Geld verändert die Menschen. Er wurde sorglos und verschwenderisch. Zeitweise dachte er, wenn man Geld habe, könne man sich alles leisten. Aber das Unternehmen eines Freundes, bei dem er als Bürge unterschrieben hatte, ging pleite, und die gewaltigen Schulden zogen auch Gohtaros eigene Firma in den Abgrund. Und kaum war das Geld fort, behandelten ihn alle wie einen Aussätzigen. Auch Bekannte, die er für Freunde gehalten hatte, ließen ihn im Stich. Einer sagte ihm sogar offen ins Gesicht: Wozu bist du ohne dein Geld schon gut?

Aber Shuichi war anders; für ihn war Gohtaro immer noch wichtig, obwohl er alles verloren hatte. Es gab wirklich nur wenige Menschen, die jemandem halfen, der in Not geraten war, ohne etwas dafür zu erwarten. Shuichi Kamiya war genau so eine Person. Und während er Shuichi aus dem Café folgte, fasste Gohtaro den festen Entschluss: Ich werde ihm das vergelten!

Ding, dong.

»Das war vor zweiundzwanzig Jahren«, schloss Gohtaro.

Er griff nach dem Glas, das vor ihm stand, befeuchtete seine ausgedörrte Kehle und seufzte. Eigentlich wirkte er jung für seine einundfünfzig Jahre, aber es zeigten sich doch schon die ersten grauen Haare.

»Und so fing ich an, für Shuichi zu arbeiten. Ich kniete mich rein und versuchte, mich so schnell wie möglich einzuarbeiten. Aber dann, ein Jahr später, gab es einen Verkehrsunfall. Shuichi und seine Frau …«

Das war jetzt schon mehr als zwanzig Jahre her, aber er war über diesen Schock nie wirklich hinweggekommen. Seine Augen röteten sich, und er geriet ins Stocken.

Schlüürrrf!

Der Junge an der Theke saugte geräuschvoll die letzten Tropfen Orangensaft durch den Strohhalm.

»Und was passierte dann?«, fragte Kazu beiläufig, ohne ihre Tätigkeit zu unterbrechen. Sie wechselte nie den Tonfall, und mochte die Unterhaltung noch so ernst sein. Mit dieser Haltung wahrte sie wahrscheinlich ihren Abstand zu den Problemen der Kunden.

»Shuichis Tochter überlebte, und ich beschloss, sie großzuziehen.«

Gohtaro hatte die Augen niedergeschlagen und schien vor sich hin zu murmeln. Dann stand er plötzlich auf.

»Ich flehe Sie an. Lassen Sie mich zu diesem Tag vor zweiundzwanzig Jahren zurückreisen.«

Das hier war das Café Funiculi Funicula. Etwa zehn Jahre zuvor war es zu einer modernen Legende geworden, weil man dort dem Vernehmen nach in der Zeit zurückreisen konnte. Legenden sind eigentlich ausgedacht, aber es hieß, hier könne man wirklich in die Vergangenheit reisen.

Es wird allerlei darüber erzählt – beispielsweise von einer Frau, die in der Vergangenheit den Geliebten besuchte, der sie verlassen hatte, oder von jener, die noch einmal ihre jüngere Schwester traf, die bei einem Autounfall umgekommen war, oder von der Ehefrau, die in die Vergangenheit zu ihrem Mann reiste, der das Gedächtnis verloren hatte.

Um in die Vergangenheit zu gelangen, musste man allerdings eine Reihe lästiger Regeln beachten.

Die erste Regel: Man konnte in der Vergangenheit nur Menschen treffen, die mindestens einmal das Café besucht hatten. Waren sie nie dort gewesen, konnte man zwar in der Zeit zurückreisen, sie aber nicht treffen. Das bedeutete, dass Besucher aus entfernten Landesteilen in der Regel vergeblich anreisten.

Die zweite Regel: Nichts, das man in der Vergangenheit unternahm, bewirkte Veränderungen in der Gegenwart. Für die meisten, die das hörten, war das frustrierend, und viele verließen daraufhin das Café unverrichteter Dinge. Denn die meisten Kunden wollten in der Vergangenheit etwas wieder in Ordnung bringen. Nur sehr wenige machten sich dann trotzdem auf die Reise.

Die dritte Regel: Es gab nur einen Platz im Café, von dem aus man auf Zeitreise gehen konnte. Dieser war jedoch besetzt, und man konnte ihn nur einnehmen, wenn die Person zur Toilette ging. Das geschah einmal am Tag, aber niemand konnte voraussagen, wann das sein würde.

Die vierte Regel: In der Vergangenheit durfte man sich nicht vom Platz fortbewegen. Tat man es trotzdem, wurde man gewaltsam in die Gegenwart zurückgeholt. Es war also nicht möglich, das Café zu verlassen, während man in der Vergangenheit war.

Die fünfte Regel: Die Zeit in der Vergangenheit begann mit dem Moment, wenn der Kaffee eingeschenkt wurde, und musste beendet werden, bevor dieser kalt geworden war. Auch durfte nicht jeder den Kaffee einschenken; das musste Kazu Tokita tun.

Trotz dieser ärgerlichen Regeln gab es Kunden, die von der Legende gehört hatten und im Café um eine Reise in die Vergangenheit baten.

Gohtaro war ein solcher Kunde.

»Angenommen, Sie reisen in die Vergangenheit, was wollen Sie dort tun?«, wollte die Frau wissen, die ihm beim Eintreten gesagt hatte, er solle Platz nehmen. Ihr Name war Kyoko Kijima. Sie war Hausfrau und Mutter und häufig hier. Dass sie sich gerade jetzt im Café befand, war Zufall, aber sie starrte Gohtaro voller Neugierde an – vielleicht war er ja der erste Kunde, der in ihrer Gegenwart in die Vergangenheit reisen wollte. »Nehmen Sie mir die Neugierde nicht übel, aber wie alt sind Sie?«

»Einundfünfzig.«

Gohtaro hatte die Frage offenbar als Kritik aufgefasst nach dem Motto: Warum redet ein Mann in Ihrem Alter so blöd über eine Reise in die Vergangenheit daher? Er saß über den Tisch gebeugt und starrte auf seine ineinandergelegten Hände.

»Es tut mir leid«, hakte sie nach, »aber finden Sie nicht, das wäre ein bisschen verrückt? Wenn Shuichi, oder wie er heißt, plötzlich und völlig unvorbereitet auf eine zweiundzwanzig Jahre ältere Version von Ihnen trifft?«

Gohtaro ließ den Kopf hängen.

»Wäre das nicht ziemlich merkwürdig?« Sie blickte nach Zustimmung heischend zu Kazu hinüber.

»Na ja, schon möglich«, antwortete die Bedienung, schien die Meinung aber nicht ganz zu teilen.

»He, Mum, wird nicht dein Kaffee langsam kalt?«, murmelte der Junge, der seinen Orangensaft ausgetrunken hatte und unruhig wurde. Er hieß Yohsuke Kijima, war Kyokos Sohn und sollte im Frühjahr in die vierte Klasse kommen. Sein mittellanges Haar war ziemlich verstrubbelt, sein Gesicht von der Sonne verbrannt, und er trug ein Sportdress des MEITOKU FC mit der Nummer neun auf dem Rücken. Für ihn gab es nur Fußball.

Er deutete auf den Kaffee zum Mitnehmen in der Papiertüte auf der Theke neben Kyoko.

»Ach, das ist egal. Grandma mag sowieso keine heißen Getränke«, antwortete sie, beugte sich ganz nah an Yohsukes Ohr und flüsterte: »Ein bisschen dauert es noch, aber dann gehen wir, okay?«

Sie blickte zu Gohtaro hinüber und wartete auf eine Reaktion.

Gohtaro setzte sich auf und schien sich wieder gefasst zu haben.

»Ja, gut möglich, dass er ausflippen wird«, räumte er ein.

»M-hm«, antwortete Kyoko und nickte vielsagend. Kazu verfolgte die Unterhaltung und stellte Yohsuke einen frischen Orangensaft hin, für den er sich mit einem stummen Nicken bedankte.

»Aber wenn es tatsächlich wahr ist, dass man in der Zeit zurückreisen kann, dann gibt es da etwas, das ich Shuichi unbedingt sagen möchte.«

Obwohl ihn Kyoko gefragt hatte, blickte Gohtaro bei der Antwort Kazu an. Sie ließ sich aber keine Reaktion anmerken.

Gleichgültig wie immer kam sie hinter der Theke vor und blieb vor ihm stehen.

Immer wieder kamen Kunden wie Gohtaro ins Café, die gehört hatten, dass man hier in die Vergangenheit reisen konnte, und bei allen verfuhr Kazu stets auf dieselbe Weise.

»Sind Sie mit den Regeln vertraut?«, fragte sie knapp, denn viele Kunden hatten nicht die geringste Ahnung.

»Mehr oder weniger …«, erwiderte Gohtaro stockend.

»Mehr oder weniger?«, rief Kyoko. Im Augenblick war

sie als Einzige im Café etwas erregt. Kazu sah Kyoko schweigend an, wandte sich dann wieder zu Gohtaro um und blickte ihn an. »Beantworten Sie die Frage.«

Gohtaro zuckte entschuldigend mit den Schultern. »Man setzt sich auf einen Stuhl, jemand macht einem einen Kaffee, und dann reist man in die Vergangenheit. Das ist alles, was ich gehört habe«, antwortete er verlegen. Ihm musste vor Nervosität die Spucke weggeblieben sein, denn er griff wieder zum Wasserglas.

»Ganz so einfach ist es nicht. Wer hat Ihnen das erzählt?«, wollte Kyoko wissen.

»Shuichi.«

»Von Shuichi haben Sie das also gehört. Aber … dann ist das ja zweiundzwanzig Jahre her?«

»Ja, bei unserem ersten Besuch hier im Café. Er hatte wohl von der Legende gehört.«

»Ich verstehe …«

»Wenn also eine sehr viel ältere Version von mir plötzlich vor Shuichi auftaucht, wird er zwar erschrecken, aber ich glaube, er wird damit klarkommen«, kam er auf Kyokos Frage zurück.

»Was hältst du davon, Kazu?«, fragte Kyoko. Sie sagte das, als würden alleine sie und Kazu über Gohtaros Reise in die Vergangenheit entscheiden. Allerdings antwortete Kazu nicht, sondern erklärte ruhig und ernst:

»Sie wissen, Ihre Reise in die Vergangenheit wird nichts an der Realität ändern, nicht wahr?«

Damit meinte sie: Sie wissen, dass Sie Ihren Freund nicht vor dem Tod bewahren können!

Allzu viele waren schon ins Café gekommen in der Hoffnung, jemanden in der Vergangenheit vor dem Tod zu retten. Deshalb erläuterte Kazu stets diese Regel.

Es war nicht so, dass sie für den Schmerz der Menschen über ihren Verlust nicht empfänglich war. Aber es führte einfach kein Weg an dieser Regel vorbei – egal für wen, und was immer die Gründe sein mochten.

Gohtaro nahm die Worte ohne jede Regung auf.

»Das ist mir klar«, antwortete er leise und gleichmütig.

Ding, dong.

Ein Mädchen. Und anstatt mit: »Hallo. Willkommen!«, begrüßte Kazu sie mit den Worten: »Willkommen zu Hause!«

Das Mädchen war Miki Tokita, die Tochter des Cafébesitzers Nagare Tokita. Voller Stolz trug sie einen leuchtend roten Randoseru – einen Grundschulrucksack.

»Moi ist zurück, meine Süßen!«, verkündete die Kleine strahlend und so laut, dass es im ganzen Café widerhallte.

»Hallo, Miki, Liebling! Wo hast du denn diesen wunderschönen Randoseru her?«, fragte Kyoko.

»Sie hat ihn für moi gekauft!«, antwortete Miki mit breitem Grinsen und deutete auf Kazu.

»Wow! Der sieht fantastisch aus!«, lobte Kyoko.

Sie blickte zu Kazu hinüber. »Fängt die Schule nicht erst morgen an?«, flüsterte sie.

Das war nicht als Kritik an Mikis Verhalten gemeint, und sie wollte sich auch nicht über das Mädchen lustig machen. Genau genommen musste sie selbst darüber lächeln, dass Miki mit ihrem nagelneuen Randoseru auf dem Rücken so voller Stolz im ganzen Viertel unterwegs war.

»Genau, morgen ist es so weit«, antwortete Kazu und musste ein Lächeln unterdrücken.

»Wie geht es denn Madame Kinuyo? Geht es ihr gut?«,

fragte Miki und führte die Unterhaltung so laut fort, dass es im ganzen Café zu hören war.

»Mrs. Kinuyo geht es gut! Wir sind heute ins Café gekommen, um ihr wieder einen Kaffee und ein Sandwich mitzubringen, das dein Daddy gemacht hat.« Kyoko hielt die Papiertüte in die Höhe. Yohsuke auf dem Hocker daneben blieb mit dem Rücken zu Miki sitzen und trank in kleinen Schlucken sein zweites Glas Orangensaft.

»Werden Mrs. Kinuyo Daddys Sandwiches immer noch nicht langweilig? Sie hat all die Tage nichts anderes gegessen.«

»Mrs. Kinuyo sagt, sie liebt die Sandwiches und den Kaffee von deinem Daddy.«

»Ich kann mir gar nicht vorstellen, warum. Daddys Sandwiches sind gar nicht so lecker«, bemerkte Miki immer noch lautstark.

Das war auch in der Küche gehört worden, von wo jetzt eine hochaufragende Gestalt erschien.

»He, he! Wer macht hier widerliche Sandwiches?«, fragte Nagare, der Cafébesitzer und Vater von Miki. Ihre Mutter Kei lebte nicht mehr. Sie hatte ein schwaches Herz gehabt und war vor sechs Jahren nach Mikis Geburt gestorben.

»Hoppala, na so was, meine Süßen. Ich glaube, moi wird jetzt wieder verschwinden«, trällerte Miki gekünstelt. Sie machte eine kurze Verbeugung vor Kyoko und huschte dann ins Hinterzimmer.

»Moi …?«

Kyoko blickte Nagare an, als wollte sie fragen: Wo hat sie denn das her?

Nagare zuckte mit den Schultern. »Keine Ahnung.«

Nach einem Seitenblick auf Kyoko und Nagare begann Yohsuke, seine Mutter am Arm anzustupsen.

»Können wir jetzt bitte gehen!?«

»O ja, stimmt, wir wollten ja los …« Kyoko erhob sich vom Barhocker.

»Also, meine Süßen, für moi ist es jetzt auch Zeit zu verschwinden«, ahmte sie Miki nach.

Sie drückte Yohsuke die Papiertüte in die Hand und legte, ohne auf die Rechnung zu sehen, Geld für das Sandwich, den Kaffee und Yohsukes Getränk auf die Theke – auch für den zweiten Orangensaft.

»Der zweite Saft geht aufs Haus«, sagte Kazu, nahm das Geld abzüglich der Summe für den zweiten Orangensaft von der Theke und tippte den Betrag laut hörbar in die Kasse ein.

»Nein, nein. Den bezahle ich auch.«

»Du brauchst nicht zu bezahlen, was du nicht bestellt hast. Den habe ich ihm doch so hingestellt.«

Kyoko wollte das Geld auf der Theke nicht zurücknehmen, aber Kazu hatte den Rest schon in die Kasse gelegt und reichte ihr den Beleg.

»Oh … Okay.«

Kyoko war es eigentlich nicht recht, das Getränk nicht zu bezahlen, aber sie wusste, dass Kazu kein Geld dafür annehmen würde.

»Also schön, wenn du das sagst«, bemerkte sie und nahm das Restgeld vom Tresen. »Vielen Dank.« Sie steckte die Münzen wieder in ihren Geldbeutel.

»Und bestell bitte viele Grüße an Kinuyo sensei«, sagte Kazu.

Kinuyo hatte Kazu seit ihrem siebten Lebensjahr im Malen unterrichtet. Und Kinuyo hatte ihr auch geraten, sich um ein Kunststudium zu bemühen. Seit ihrem Abschluss arbeitete Kazu als Teilzeitkraft in Kinuyos Malschule. Seit Kinuyo im Krankenhaus war, unterrichtete Kazu alle Kurse.

»Ich weiß, dass du hier auch viel zu tun hast, also danke noch mal, dass du diese Woche wieder alle Stunden übernimmst.«

»Ist doch selbstverständlich, kein Problem«, erwiderte Kazu.

»Danke für den Orangensaft«, sagte Yohsuke und nickte in Richtung Kazu und Nagare, die beide hinter der Theke standen. Yohsuke verließ das Café als Erster.

Ding, dong.

»Okay, ich bin dann mal weg.« Und mit einem Winken folgte ihm Kyoko nach draußen.

Ding, dong.

Plötzlich war es still im Raum. In diesem Café lief keine Hintergrundmusik, und solange sich niemand unterhielt, konnte man die Frau im weißen Kleid sogar die Seiten ihres Buchs umblättern hören.

»Hat sie erwähnt, wie's um Kinuyo steht?«, fragte Nagare, der gerade ein Glas polierte, fast als rede er mit sich selbst. Kazu nickte nur einmal mit dem Kopf, antwortete aber nicht.

»Ich verstehe«, antwortete er leise und verschwand dann im Hinterzimmer.

Im Gastraum befanden sich nun nur noch Gohtaro, Kazu und die Frau im weißen Kleid.

Kazu stand hinter der Theke und machte sauber, wie sie es immer tat.

»Jetzt würde ich gern mehr erfahren, wenn es Ihnen nichts ausmacht?«

Kazu wollte nun hören, weshalb Gohtaro in die Vergangenheit reisen wollte.

Er sah kurz zu ihr auf, wandte den Blick aber sofort wieder ab. Dann atmete er tief durch.

»Eigentlich …«, setzte er an, als hätte er seine Gründe vorher absichtlich verhehlt. Vielleicht, weil das Ganze die fremde Frau, Kyoko, nichts angegangen war.

Zögerlich fing er an zu erklären.

»Meine Tochter wird heiraten.«

»Heiraten?«

»Ja, ich meine … eigentlich ist sie ja Shuichis Tochter«, murmelte er. »Ich möchte ihr aber zeigen, wer ihr wirklicher Vater war.« Er zog eine sehr dünne Digitalkamera aus der Anzugtasche. »Ich dachte, ich könnte eine Nachricht von Shuichi aufnehmen …« Gohtaro klang dabei sehr einsam und unsicher.

Kazu sah ihn nachdenklich an. »Und wie geht es danach weiter?«, fragte sie leise. Sie wollte wissen, was hinterher passieren sollte, wenn er erzählte, dass er gar nicht der leibliche Vater war.

Gohtaro spürte einen Stich im Herzen.

Diese Bedienung lässt sich bestimmt nicht täuschen.

Er sprach seine Antwort ins Leere, als hätte er sie vorbereitet. »Das Einzige, was ich sehe, ist, dass meine Rolle nun zu Ende geht«, erwiderte er resigniert.

Auf der Universität waren Gohtaro und Shuichi in derselben Mannschaft gewesen, kannten sich aber schon, seit sie in der Grundschule mit dem Rugbytraining angefangen hatten. Später spielten sie in verschiedenen Teams, sahen sich aber gelegentlich bei den Spielen. Dabei waren sie einander nicht von Beginn an aufgefallen. Auf der Junior Highschool und der Highschool spielten sie, ein jeder in seiner Schulmannschaft, bei Wertungsspielen öfter gegeneinander und wurden so allmählich aufeinander aufmerksam.

Dann schrieben sie sich zufällig an derselben Universität ein und wurden Mannschaftskameraden, Gohtaro als Fullback, Shuichi war Fly-half.

Der Flyhalf, den man an der Nummer zehn auf dem Rücken erkennt, ist beim Rugby der Star – wie der Vierte der Schlagreihenfolge beim Kricket, ein Pitcher beim Baseball oder der Striker beim Football. Shuichi war ein fantastischer Flyhalf und wurde wegen seiner vorausschauenden Spielzüge bald »der Seher Shuichi« genannt – manche meinten, es wäre, als könne er in die Zukunft sehen.

Ein Rugbyteam besteht aus fünfzehn Spielern auf zehn verschiedenen Positionen. Shuichi erkannte rasch Stärken und Schwächen jedes Spielers und besaß das Talent, jeden optimal auf seiner Position einzusetzen. Damit erwarb er sich das Vertrauen der erfahrenen Spieler im Uni-Team und wurde schon bald als künftiger Mannschaftskapitän gehandelt.

Gohtaro indessen hatte sich seit der Grundschule auf verschiedenen Positionen versucht. Und da er schlecht Nein sagen konnte, sprang er häufig ein, wenn irgendwo eine Lücke zu füllen war. Dass der vielseitig einsetzbare Gohtaro als Fullback am besten geeignet war, erkannte aber erst Shuichi. Der Fullback ist als letztes Bollwerk der Verteidigung sehr wichtig, wenn nicht entscheidend. Wenn also ein Gegner die Verteidigungslinie durchbrach, war es die Aufgabe des Fullbacks, den Versuch mit einem wirkungsvollen Tackling zu verhindern. Shuichi vertraute dabei auf Gohtaros überragendes Tackling. Schon in den Wertungsspielen an der Junior High war es Shuichi nie gelungen, an Gohtaro vorbeizuschlüpfen. Der verteidigte wie eine Stahlwand und machte damit Shuichis riskantes Angriffsspiel erst möglich.

Wenn ich dir den Rücken zukehre, weiß ich, dass ich mich auf dich verlassen kann, sagte Shuichi häufig vor den Spielen.

Und dann, sieben Jahre nach dem Abschluss an der Universität, hatten sich beide zufällig wiedergetroffen.

Als sie das Café verließen, gingen sie zu Shuichis Wohnung und wurden von Yoko und der neugeborenen Haruka begrüßt. Shuichi musste Yoko von unterwegs Bescheid gesagt haben, denn sie hatte für Gohtaro schon ein Bad einlaufen lassen.

Yoko nahm ihn – ungewaschen und unappetitlich, wie er war – mit einem warmherzigen Lächeln in Empfang. »Du bist also der Fullback Gohtaro? Shuichi hat so oft von dir erzählt.«

Yoko, die aus Osaka stammte, war sogar noch herzlicher als Shuichi. Es war für sie nichts Besonderes, stundenlang zu palavern und ihre Bekannten mit lustigen Sprüchen zu unterhalten. Außerdem war sie geistesgegenwärtig und ergriff gern die Initiative. Es war nicht einmal ein Tag vergangen, da hatte sie für Gohtaro schon eine Bleibe und etwas zum Anziehen besorgt.

Nach dem Verlust seiner Firma hatte Gohtaro das

Vertrauen in andere Menschen verloren, aber nach zwei Monaten in Shuichis Restaurant war er wieder ganz der Alte.

Manchmal, wenn das Lokal voller Stammgäste war, verkündete Yoko lautstark: »Früher an der Universität war er der Spieler, dem mein Mann am meisten vertraut hat.«

Gohtaro war das natürlich peinlich, aber er musste trotzdem lächeln. Einmal erwiderte er: »Diesen Ruf muss ich mir jetzt auch hier erarbeiten«, und brachte damit seine neue Zuversicht auf den Punkt.

Alles schien bestens zu laufen.

Doch eines Nachmittags klagte Yoko über entsetzliche Kopfschmerzen, und es wurde beschlossen, dass Shuichi sie ins Krankenhaus fährt. Um das Lokal nicht schließen zu müssen, blieb Gohtaro zurück und behielt auch Haruka im Auge. Es war einer dieser Tage, an denen der strahlend blaue Himmel mit Kirschblütenblättern nur so getüpfelt war, fast wie in einem Schneegestöber.

»Pass gut auf Haruka auf«, sagte Shuichi noch, winkte zum Dank und eilte hinaus.

Gohtaro sollte ihn nie wiedersehen.

Shuichis und Yokos Eltern wie Großeltern waren allesamt schon verstorben, und die kleine Haruka war im Alter von einem Jahr ganz plötzlich mutterseelenallein auf der Welt.

Und als Gohtaro bei Shuichis Beerdigung die lächelnde Haruka ansah – zu jung, um zu verstehen, dass ihre Eltern gestorben waren –, beschloss er spontan, sie aufzuziehen.

Dong, dong, dong …

Eine Standuhr schlug achtmal.

Erschrocken blickte Gohtaro auf. Seine Lider waren schwer, und er sah nur verschwommen.

»Wo …?«

Als er sich umblickte, nahm er den Gastraum des Cafés wahr, den die Schirmlampen in sepiafarbenes Licht tauchten. An der Decke zog ein Ventilator müde seine Kreise. Die Stütz- und Deckenbalken waren dunkelbraun. Und es gab drei große und offensichtlich sehr alte Standuhren.

Es dauerte eine Weile bis Gohtaro begriff, dass er geschlafen hatte. Er befand sich allein im Café – abgesehen von der Frau im weißen Kleid.

Um seinem Gedächtnis auf die Sprünge zu helfen, klopfte er sich auf beide Wangen. Er erinnerte sich, dass ihm Kazu gesagt hatte: »Wir wissen nicht, wann der Platz, auf dem man in die Vergangenheit reist, frei wird.« Danach musste er eingenickt sein.

Er fand es merkwürdig, dass er kurz nach seiner womöglich folgenschweren Entscheidung, in die Vergangenheit zu reisen, einfach so weggedämmert war. Und unwillkürlich kamen ihm auch Bedenken wegen der Bedienung, die ihn in diesem Zustand einfach allein gelassen hatte.

Gohtaro stand auf und rief in Richtung Hinterzimmer:

»Hallo? Ist da jemand?«

Aber es kam keine Antwort.

Er blickte auf eine der Standuhren und verglich sie mit dem, was seine Armbanduhr zeigte. Die alten Uhren waren immer das Erste, das einem hier auffiel, denn jede zeigte eine andere Zeit.

Die beiden Uhren an den Enden des Raums waren offensichtlich kaputt. Die eine ging vor, die andere nach. Mehrfach hatte man vergeblich versucht, sie zu reparieren.

»Zwanzig Uhr zwölf …«

Gohtaro sah nach hinten, wo die Frau im weißen Kleid saß.

Von allem, was ihm Shuichi über dieses Café erzählt hatte, war ihm eines besonders im Gedächtnis geblieben: Auf dem Stuhl, von dem man in die Vergangenheit reist, sitzt ein Geist.

Das war unglaublich und ziemlich absurd. Und genau deshalb hatte er es nicht vergessen.

Trotz seiner bohrenden Blicke las die Frau weiter selbstvergessen in ihrem Buch.

Wie er sie so ansah, beschlich ihn das seltsame Gefühl, als hätte er sie schon einmal irgendwo gesehen.

Wie das allerdings möglich sein sollte, wenn sie doch ein Geist war, konnte er nicht begreifen und verwarf den Gedanken wieder.

Klapp.

Unversehens hatte die Frau ihr Buch so kräftig zugeklappt, dass es im ganzen Raum hallte. Gohtaro blieb fast das Herz stehen, und beinahe wäre er vor Schreck vom Stuhl gerutscht. Bei einer gewöhnlichen Cafébesucherin hätte ihn ihre Bewegung bestimmt nicht so erschüttert, aber da man ihm gesagt hatte, dass sie ein Geist sei ... Natürlich glaubte er das nicht, aber wenn sich die Gedankenverbindung »Geist = gruselig« erst einmal festgesetzt hatte, ließ sie sich nicht mehr so leicht abschütteln.

So blieb Gohtaro zunächst einmal wie versteinert sitzen, und er spürte, wie ihm eisige Kälte den Rücken hinaufkroch. Ohne Gohtaro im Geringsten zu beachten, erhob sich die Frau von ihrem Platz und ging schweigend Richtung Ausgang – den Roman, den sie gelesen hatte, wie einen Schatz an sich gedrückt.

Mit pochendem Herzen sah Gohtaro sie vorübergehen.

Sie schritt durch die Türe hinaus und verschwand nach rechts Richtung Toilette.

Ein Geist, der zur Toilette geht?

Gohtaro wandte den Kopf und sah zum Stuhl der Frau hinüber. Der Platz, auf dem er in die Vergangenheit reisen konnte, war nun frei.

Vorsichtig ging er, einen Schritt nach dem anderen, hinüber, in ständiger Angst, die Frau im Kleid könnte plötzlich mit teuflisch verzogener Grimasse wieder erscheinen.

Aus der Nähe sah er, dass es ein ganz gewöhnlicher Stuhl ohne irgendwelche Besonderheiten war. Er hatte elegant geschwungene Kabriolbeine, Sitzpolster und Rücken waren blass moosgrün bezogen. Gohtaro war beileibe kein Fachmann für Antiquitäten, aber so ein Stuhl musste einiges wert sein.

Wenn ich mich auf diesen Stuhl setzen würde …

Kaum hatte er vorsichtig die Hand auf die Lehne gelegt, als er jemanden vom Hinterzimmer kommen hörte.

Er drehte sich um und sah ein kleines Mädchen im Pyjama und in Schlappen näher kommen. Wenn er sich recht erinnerte, musste das Miki sein, die Tochter des Eigentümers. Sie stand jetzt vor ihm und starrte ihn mit großen runden Augen an – offenbar hatte sie vor Blickkontakt mit erwachsenen Fremden keinerlei Scheu. Umgekehrt war es Gohtaro, dem unter ihrem unverwandten Blick unwohl wurde.

»Guten … guten Abend«, presste er gequält hervor und ließ die Stuhllehne wieder los.

»Guten Abend, Monsieur. Möchten Sie in die Vergangenheit reisen?«, fragte sie und blickte ihn mit ihren großen Augen an.

»Äh, also, sieh mal …«

Gohtaro stotterte, weil er nicht recht wusste, wie er antworten sollte.

»Und warum?«

Miki neigte den Kopf neugierig zur Seite, ohne zu beachten, wie peinlich ihm das Ganze war.

Außerdem fürchtete er, die Frau im Kleid könnte zurückkommen, während er sich hier mit Miki unterhielt.

»Könntest du vielleicht jemanden vom Personal herrufen?«, fragte er sie.

Ohne seine Bitte zu beachten, schob sich Miki an ihm vorbei und blieb vor dem Platz stehen, auf dem die Frau im Kleid gesessen hatte.

»Kaname ist zur Toilette gegangen«, bemerkte sie und wandte den Blick vom Stuhl zu Gohtaro.

»Kaname?«

Miki sah schweigend zum Eingang des Cafés. Gohtaro folgte ihrem Blick; er begriff und nickte. »Sie heißt also Kaname?«

Statt zu antworten, zog Miki an seiner Hand. »Setzen Sie sich hin«, drängte sie.

Ganz geschäftsmäßig räumte sie die Kaffeetasse der Frau ab und verschwand in der Küche, ohne ihm Gelegenheit zum Widerspruch zu lassen.

Er starrte ihr fassungslos hinterher.

Wird sie mir helfen, in die Vergangenheit zu reisen?, fragte er sich. Mit ängstlicher Miene zwängte er sich zwischen Stuhl und Tisch und ließ sich auf dem Platz nieder.

Er hatte keine Ahnung, was er anstellen musste, um in die Vergangenheit zu reisen, aber sein Puls beschleunigte sich spürbar bei dem Gedanken, dass er nun auf eben diesem Stuhl saß.

Nach einer Weile kam Miki mit einem Tablett zurück,

auf dem ein silbernen Kessel und eine weiße Kaffeetasse standen. Sie blieb neben Gohtaro stehen.

»Moi wird Ihnen jetzt den Kaffee eingießen«, erklärte sie, während das Tablett wackelte.

Gohtaro war nahe daran, ›Kannst du das denn?‹ zu fragen, beherrschte sich aber.

»Ähm … äh«, erwiderte er sichtlich besorgt.

Miki bemerkte nicht, was für ein Gesicht er machte, denn sie blickte aufgeregt auf die Tasse auf dem Tablett. Sie fuhr in ihrer Erklärung fort.

»Um in die Vergangenheit zu reisen …«

In diesem Moment tauchte Nagare, der ein T-Shirt trug, aus dem Hinterzimmer auf.

»Gütiger Himmel, Miki, was tust du denn da?«, fragte er entgeistert. Es klang nicht wütend, sondern eher wie ›Oh nein, nicht schon wieder‹.

»Moi serviert Monsieur seinen Kaffee.«

»Das kommt überhaupt nicht infrage. Und nenn dich nicht immer moi.«

»Moi wird jetzt servieren.«

»Hör auf damit. Sofort!«

Miki balancierte noch immer das klappernde Tablett und blickte mit aufgeblasenen Backen an ihrem riesigen Vater hinauf.

Nagare kniff die schmalen mandelförmigen Augen zusammen und zog die Mundwinkel verärgert nach unten, während er auf Miki hinabblickte.

Die beiden standen sich wie Duellanten gegenüber, als würde verlieren, wer zuerst etwas sagte.

Inzwischen war Kazu von allen unbemerkt erschienen, trat hinter Nagare vor und ging vor Miki in die Hocke.

»Moi …«

Kazu sah ihr geradewegs in die großen Augen, die zunächst noch wütend dreinblickten, aber dann kamen bald die Tränen. Miki hatte begriffen, dass sie verloren hatte.

Kazu schenkte ihr ein warmes Lächeln.

»Deine Zeit wird kommen«, sagte sie und nahm ihr vorsichtig das Tablett ab.

Miki blickte mit Tränen in den Augen zu Nagare auf.

»M-hm«, machte er nur und streckte ihr die Hand hin. Er sah nun längst nicht mehr so streng aus.

»Wie du willst«, sagte Miki, ergriff die Hand und trat an seine Seite. In wenigen Augenblicken war aller Trotz wieder aus ihrem Blick gewichen. So sehr sich Miki eben noch aufgeregt hatte und wütend gewesen war, konnte sie ansatzlos ihre Laune wechseln. Nagare verfolgte den Stimmungswandel und musste mit einem melancholischen Lächeln daran denken, wie sehr sie darin ihrer Mutter glich.

Aus Kazus Verhalten gegenüber Miki leitete Gohtaro ab: Diese Bedienung ist nicht die Mutter des Mädchens. Auch konnte er Nagares Schwierigkeiten mit dem Mädchen gut nachfühlen – hatte er Haruka doch ebenfalls alleine großgezogen.

»Gehen wir die Regeln einmal durch«, wandte sich Kazu an Gohtaro, der immer noch auf dem richtigen Platz saß.

Im Café war es still wie immer. Zweiundzwanzig Jahre zuvor hatte Gohtaro die Regeln von Shuichi gehört, konnte sich aber nur noch vage an sie erinnern.

Er wusste nur noch, dass man zwar in die Vergangenheit reisen konnte, dass sich an der Realität aber nichts änderte, ganz egal, was man unternahm, und dass ein Geist auf dem Stuhl saß. Es war ihm daher recht, dass Kazu alles noch einmal erklärte.

»Die erste Regel besagt, dass man zwar in die Vergangenheit zurückkehrt, aber dort nur Menschen treffen kann, die dieses Café schon einmal besucht haben.«

Diese Regel überraschte ihn nicht. Shuichi hatte ihn damals hierher eingeladen. Daher bestand kein Zweifel, dass er bereits hier gewesen war.

Da Gohtaro keine Sorge anzumerken war, fuhr Kazu zügig fort. Sie erklärte, in der Vergangenheit könne er nichts an der Realität ändern, so sehr er das auch versuche; man könne nur von diesem Stuhl aus, auf dem er saß, in die Vergangenheit gelangen; er dürfe währenddessen seinen Platz nicht verlassen, denn sonst würde er sofort in die Gegenwart zurückgeholt.

Letzteres quittierte Gohtaro mit: »Oh, wirklich?« Aber im Großen und Ganzen waren die Regeln wie erwartet, und es gab keinen Grund, deswegen zu erbleichen.

»Okay, ich verstehe«, sagte er.

»Warten Sie bitte, bis ich wieder Kaffee gemacht habe«, wies ihn Kazu an, als sie alles erklärt hatte, und ging dann in die Küche.

Sie ließ ihn an seinem Platz zurück; Nagare stand immer noch vor ihm.

»Entschuldigen Sie bitte meine Neugierde, aber sie ist nicht Ihre Frau, oder?«, fragte er Nagare.

Er war an der Antwort nicht sonderlich interessiert und wollte nur ein bisschen Konversation machen.

»Sie? Nein, sie ist meine Cousine«, erwiderte Nagare mit einem Blick auf Miki.

»Mikis Mum … Nun ja, bei ihrer Geburt …«

Nagare verstummte – nicht weil er von Gefühlen überwältigt war, sondern weil er glaubte, er habe bereits genug gesagt.

»Ich verstehe«, antwortete Gohtaro und verkniff sich

weitere Fragen. Er sah Nagare mit seinen schmalen Augen an und dann Miki mit ihren runden und kam zu dem Schluss, dass sie wohl eher nach der Mutter kam. Mit solchen und anderen Gedanken wartete er auf Kazu.

Kazu kehrte alsbald zurück. Auf dem Tablett waren derselbe silberne Kessel und die weiße Tasse, die sie eben in die Küche zurückgetragen hatte. Der Duft des frischen Kaffees zog durch den Raum und schien bis in Gohtaros Brust zu dringen.

Kazu blieb neben Gohtaro am Tisch stehen und fuhr in ihren Erläuterungen fort.

»Ich werde Ihnen jetzt den Kaffee eingießen«, sagte sie und stellte ihm die weiße Tasse hin.

»Okay.«

Gohtaro betrachtete die makellose Tasse und war wie gebannt von ihrem beinahe durchscheinenden Weiß. Kazu fuhr fort.

»In der Vergangenheit bleibt Ihnen Zeit vom Einschenken des Kaffees bis zu dem Augenblick, wo er kalt ist.«

»Okay.«

Dass ihn dieses allzu kurze Verweilen in der Vergangenheit nicht überraschte, mochte daran liegen, dass ihm Shuichi die Regeln schon einmal auseinandergesetzt hatte.

Kazu nickte kurz.

»Das bedeutet, Sie müssen den Kaffee austrinken, bevor er kalt ist. Wenn Sie das nicht tun …«, fuhr sie fort.

Jetzt musste sie erklären: dann werden Sie ein Geist werden und fortan auf diesem Stuhl sitzen. Diese Regel machte die Reise in die Vergangenheit so riskant. Die gewünschte Person zu verfehlen oder an der Realität nichts ändern zu können waren im Vergleich dazu banale Unannehmlichkeiten.

Kazu musste in diesem Punkt aufpassen, dass ihre Warnung nicht als Scherz verstanden wurde. Deshalb verlieh sie ihren Worten die nötige Schwere und machte eine Pause, bevor sie fortfuhr.

»Man wird also zu einem Gespenst, richtig?«, fiel ihr Gohtaro angesichts dieser grotesken Vorstellung ins Wort.

»Wie?«, fragte Nagare, der den Austausch verfolgte.

»Ein Gespenst«, wiederholte Gohtaro ohne Zögern.

»Als mir Shuichi damals von den Regeln erzählte, klang gerade diese ganz besonders verrückt … Sie müssen entschuldigen … das war so unglaublich, dass ich es bis heute nicht vergessen habe.«

Nagare indessen wusste aus leidiger Erfahrung, dass beträchtlicher Schaden drohte, wenn ein Kunde gerade diese Regel nicht befolgte; er dachte beispielsweise an die zurückgelassenen Menschen. Sollte Gohtaro so etwas geschehen, würde es für seine Tochter Haruka wohl kaum zu ertragen sein.

Aus irgendeinem Grund jedoch schien Gohtaro der Ernst der Sache nicht bewusst zu sein – sonst hätte er nicht flapsig von Gespenstern geredet. Da Gohtaro aber trotz allem ernst dreinblickte, wies ihn Nagare nicht einfach zurecht, sondern stammelte vage:

»Äh … nein.«

Kazu jedoch gab eine klare Antwort.

»Das stimmt«, bestätigte sie sachlich.

»Hä?«, gab Nagare überrascht von sich. Er riss die mandelförmigen Augen auf, und seine Kinnlade klappte herunter. Miki, die immer noch neben ihm stand und wahrscheinlich gar nicht wusste, was ein Gespenst war, starrte ihn mit ihren runden Augen an.

Kazu jedoch blieb von Nagares Erschütterung unbeeindruckt und fuhr in ihrer Erläuterung der Regeln fort.

»Das dürfen Sie nicht vergessen. Wenn Sie den Kaffee nicht austrinken, bevor er kalt ist, dann werden Sie zu dem Gespenst, das auf ewig hier sitzen muss.«

Es entsprach Kazus gelassener und wohlwollender Art, wie Gohtaro von einem Gespenst zu sprechen, aber möglicherweise tat sie es auch nur der Einfachheit halber. Was sie meinte, war ohnehin klar: Ob man nun Gespenst oder Geist dazu sagte, es blieb dasselbe.

»Ach, und die Frau, die vorher auf diesem Stuhl gesessen hat?«, fragte Gohtaro und meinte damit: Sie konnte also nicht aus der Vergangenheit zurückkehren?

»Ja«, bestätigte Kazu.

»Da frage ich mich, warum hat sie ihren Kaffee nicht ausgetrunken?«, wollte Gohtaro nun wissen. Er fragte aus reinem Interesse, aber Kazus Gesicht verwandelte sich augenblicklich in eine Maske aus dem No-Theater, und zum ersten Mal konnte er ihre Miene nicht entschlüsseln.

Diese Frage hätte ich wohl nicht stellen dürfen, dachte Gohtaro, aber Kazus Gesichtsausdruck hielt nur für einen Augenblick an, dann fuhr sie fort.

»Sie reiste zurück zu ihrem verstorbenen Ehemann, vergaß die Zeit und bemerkte es erst, als der Kaffee schon kalt geworden war«, erklärte sie in einer Weise, dass es keiner weiteren Erklärung bedurfte.

»Oh, ich verstehe«, erwiderte Gohtaro mitfühlend. Er blickte zur Eingangstür, wo die Frau im Kleid verschwunden war.

Als er weiter schwieg, fragte Kazu: »Soll ich eingießen?«

»Ja, bitte«, antwortete er mit einem Seufzer.

Kazu nahm den silbernen Kessel, der immer noch auf

dem Tablett stand. Mit Geschirr kannte sich Gohtaro nicht aus, aber ihm war klar, dass dieser funkelnde silberne Kessel eine ansehnliche Summe wert sein musste. Kazu kündigte an: »Dann werde ich beginnen.«

Als sie diese Worte aussprach, spürte Gohtaro, dass sich ihre Aura verändert hatte.

Im Café schien es mit einem Mal kälter geworden zu sein, und die Atmosphäre kam Gohtaro vor, als könne man sie mit einem Messer schneiden.

Kazu hob den Kessel etwas höher, sagte: »Trinken Sie den Kaffee, bevor er kalt ist«, und neigte die Tülle behutsam über die Tasse. Dabei bewegte sie sich mit unvergleichlicher Anmut, als nähme sie ein feierliches Ritual vor.

Die Tülle war nur noch Zentimeter von der Tasse entfernt, als sich ein feiner Strahl von schwarzem Kaffee daraus ergoss. Dies geschah lautlos und ohne erkennbare Bewegung; einzig die Oberfläche der Flüssigkeit in der Tasse hob sich nach oben. Der Kaffee wirkte im Gefäß wie ein pechschwarzer Schatten.

Gohtaro folgte den eleganten Bewegungen wie gebannt, bis ein sich kräuselnder Dampffaden aus der Tasse emporstieg.

Er beobachtete diesen und verspürte eine seltsame Empfindung, die ihn wie ein leichter Schwindel einhüllte, und dann schien die ganze Umgebung des Tisches zu schimmern und sich in wellenförmige Bewegungen zu versetzen.

Gohtaro fürchtete den nächsten Anfall von Schläfrigkeit und wollte sich die Augen reiben.

»Argh …«, stieß er unabsichtlich aus.

Seine Hände und sein Körper wurden eins mit dem Kaffeedampf. Nicht die Umgebung hatte Wellen geschlagen und geschimmert, sondern er selbst. Und dann war ihm plötzlich, als würde alles um ihn herum mit großer Geschwindigkeit nach unten stürzen.

Er rief laut: »Halt! Aufhören!«

Achterbahnfahrten und dergleichen waren nicht seine Sache – schon beim bloßen Zuschauen war er der Ohnmacht nahe –, doch zu seinem Schrecken schoss seine Umgebung immer schneller an ihm vorüber, während die Zeit zweiundzwanzig Jahre rückwärtslief.

Nun war ihm definitiv schwindlig. Als ihm aber klar wurde, dass er sich in die Vergangenheit bewegte, erlangte er allmählich wieder das volle Bewusstsein.

Nachdem Shuichi und seine Frau umgekommen waren, führte Gohtaro das Restaurant alleine weiter und zog Haruka auf. Schon als Shuichi noch lebte, hatte es der vielfach talentierte und fleißige Gohtaro geschafft, das Lokal völlig in Eigenregie zu betreiben, vom Kochen bis zur Buchführung.

Allerdings fand der Junggeselle Gohtaro das Großziehen des kleinen Kindes unvorstellbar schwierig. Haruka war gerade ein Jahr alt geworden, und da sie – vorsichtig – die ersten eigenen Schritte machte, musste man ständig auf sie aufpassen. Auch war sie nachts oft wach und weinte, was ihm den Schlaf raubte. Er dachte, sein Leben würde einfacher, als sie alt genug für die Kindertagesstätte war, aber dort fremdelte sie und wollte nicht wieder dorthin. Jeden Morgen, wenn sie aufbrechen wollten, brach sie aufs Neue in Tränen aus.

Während ihrer Grundschulzeit verkündete sie immer wieder, sie wolle im Lokal helfen, war dort aber nur eine Belastung. Wenn sie etwas sagte, war oft nicht klar, was sie wirklich meinte, und wenn Gohtaro ihr dann einmal nicht zuhörte, war sie sofort eingeschnappt. Wenn sie Fieber bekam, musste er sie zum Arzt bringen. Und dann haben Kinder natürlich selbst jede Menge Termine – Geburtstage, Weihnachten, Valentinstag und so weiter. An freien Tagen nervte sie ihn mit dem Wunsch, einen Vergnügungspark zu besuchen, und ständig wollte sie alles Mögliche haben.

Während der Junior High begann eine rebellische Phase, die sich mit zunehmendem Alter noch verschlimmerte. Einmal während ihrer Highschool-Zeit bekam er einen Anruf von der Polizei, weil sie beim Ladendiebstahl erwischt worden war.

Doch obwohl sich Haruka als Heranwachsende immer wieder in Schwierigkeiten brachte, hielt Gohtaro unerschütterlich daran fest, diesem Kind, das ganz allein auf der Welt war, eine glückliche Kindheit und Jugend zu bieten.

Nach dem Highschool-Abschluss wurde Haruka vernünftiger. Sie wollte Küchenchefin werden, trat in eine Kochschule ein und lernte dort Satoshi Obi kennen. Nach der Kochlehre fand Satoshi eine Stelle in einem Hotel im Tokioter Stadtteil Ikebukuro, und Haruka fing an, in Gohtaros Restaurant auszuhelfen.

Vor drei Monaten nun hatte Haruka ihm Satoshi Obi vorgestellt und davon gesprochen, ihn möglicherweise heiraten zu wollen. Und beim dritten Besuch hatte Satoshi ihn überrascht mit der Bitte: »Ich möchte Haruka heiraten. Bitte geben Sie mir Ihren Segen.«

»Sie haben meinen Segen«, hatte Gohtaro geantwortet.

Er wünschte sich ja nichts mehr als Harukas Glück und wollte ihr keineswegs im Wege stehen.

Doch seit der Ankündigung der Hochzeit wurde Gohtaro immer heftiger von seinem schlechten Gewissen geplagt, weil er Haruka nie die ganze Wahrheit erzählt hatte.

Zweiundzwanzig Jahre lang hatte er sie in dem Glauben gelassen, sie sei seine leibliche Tochter. Dass sie keine Blutsverwandten hatte, wusste sie nicht, denn er hatte sie nie ins Familienstammbuch blicken lassen. Ihre bevorstehende Heirat änderte das alles. Wenn sie nun aufs Standesamt ging, um das Aufgebot zu bestellen, würde sie entdecken, dass sie in Wirklichkeit Vollwaise war und dass Gohtaro sie all die Jahre angelogen hatte.

Nach langem schmerzlichem Grübeln hatte er sich schließlich dazu durchgerungen, ihr vor der Hochzeit die Wahrheit zu eröffnen. Er wollte ihr sagen, bei der Hochzeitsfeier sollte eigentlich der wirkliche Vater anwesend sein.

Die Wahrheit wird ihr wahrscheinlich wehtun, aber das ist nicht zu verhindern.

»Äh, entschuldigen Sie, Sir …«

Gohtaro erwachte, weil an seiner Schulter gerüttelt wurde. Vor ihm stand ein groß gewachsener Mann. Er trug die pechschwarze Hose einer Schuluniform, ein weißes, bis an die Ellbogen aufgekrempeltes Hemd und darüber eine dunkelbraune Kellnerschürze. Gohtaro erkannte sofort den Eigentümer des Kaffees. Allerdings war dieser Nagare hier sehr viel jünger.

Aus den Tiefen von Gohtaros Gedächtnis tauchten Erinnerungen an jenen Tag auf.

Er war sich sicher, dass diese jüngere Version des Cafébesitzers auch vor zweiundzwanzig Jahren hier gewesen war.

Alles Übrige im Café – der träge rotierende Deckenventilator, die dunkelbraunen Stütz- und Deckenbalken, die beigefarbenen Wände und die drei Standuhren, die verschiedene Zeiten anzeigten – war unverändert. Selbst vor zweiundzwanzig Jahren hatte das Café schon diesen Sepiaton besessen, der von den Schirmlampen als einziger Beleuchtung herrührte. Ohne den verjüngten Nagare vor sich, hätte Gohtaro gar nicht gewusst, dass er in der Vergangenheit angekommen war.

Je länger er sich nun im Café umblickte, desto schneller schlug sein Herz.

Er ist nicht hier.

Wenn er zum richtigen Tag zurückgereist war, dann müsste Shuichi hier sein, aber das war er nicht.

Gohtaro dachte an die verschiedenen Regeln, die man ihm auseinandergesetzt hatte, und erkannte, dass man ihm gar nicht gesagt hatte, wie man bei der Reise den richtigen Tag trifft. Und außerdem währte die Zeit in der Vergangenheit nur die kurze Spanne, bis der Kaffee kalt war. Womöglich war er hier angekommen, bevor sie beide damals eintrafen, oder sie hatten das Café schon wieder verlassen.

»Shuichi!«, rief Gohtaro und wollte schon aufstehen, aber da spürte er Nagares kräftige Hand, die ihn wieder auf den Sitz drückte.

»Er ist auf der Toilette«, murmelte er.

Gohtaro war einundfünfzig Jahre alt, groß und stämmig, aber Nagare legte ihm die Hand so leicht auf die Schulter, als tätschelte er einem Kind den Kopf.

»Der, den Sie treffen wollen, ist gerade auf der Toilette. Er wird gleich zurück sein, aber anstatt aufzustehen, sollten Sie lieber einfach warten.«

Gohtaro wurde etwas ruhiger. Den Regeln zufolge kam man sofort zurück in die Gegenwart, wenn man vom Stuhl aufstand. Ohne Nagare wäre er jetzt höchstwahrscheinlich schon wieder dort.

»Äh, vielen Dank.«

»Kein Problem«, erwiderte Nagare ziemlich nüchtern, ging zur Theke und blieb dort mit verschränkten Armen stehen. Er wirkte dort gar nicht wie ein Kellner, sondern eher wie ein Wächter vor einem Schloss.

Sonst befand sich niemand im Café.

Damals waren allerdings Leute hier gewesen. An jedem Tag vor zweiundzwanzig Jahren hatte am Tisch gleich beim Eingang ein Paar gesessen, und eine weitere Person an der Theke.

Und Gohtaros Platz, der einen in die Vergangenheit brachte, war von einem älteren Herrn mit Frack und einem gepflegten Schnurrbart belegt gewesen.

Der Herr hatte ziemlich altertümlich gewirkt. Gohtaro erinnerte sich noch gut an ihn, denn damals hatte er gedacht: Dieser Typ sieht aus wie direkt aus den 1920er-Jahren.

Die drei anderen Kunden waren aber rasch gegangen – möglicherweise weil sie Gohtaros heruntergekommenes Äußeres oder seinen strengen Geruch nicht ertrugen.

Dann fiel es ihm wieder ein. Sie waren kaum eingetreten, als Shuichi begeistert erklärt hatte, dies sei das mysteriöse Café, in dem man in die Vergangenheit reisen konnte. Und dann, nachdem er sich Gohtaros Geschichte angehört hatte, war er auf die Toilette gegangen.

Gohtaro wischte sich mit der Hand den Schweiß von der Stirn und sog tief die Luft durch die Nase ein. Da tauchte aus dem Hinterzimmer ein Mädchen im Grundschulalter auf, einen nagelneuen Randoseru-Rucksack auf dem Rücken.

»Komm schon, Mum, beeil dich!«, rief das Mädchen und hüpfte aufgeregt im ganzen Café herum.

»Jetzt bist du glücklich, was?«, sagte der junge Nagare, noch immer mit verschränkten Armen, zu dem Mädchen, das im Gastraum umherwirbelte.

»Oh ja!«, erwiderte das Mädchen strahlend und huschte dann aus dem Café hinaus.

Ding, dong.

Gohtaro erinnerte sich noch vage daran. Damals hatte er kaum darauf geachtet, aber er war sich ziemlich sicher, dass gleich eine Frau – vermutlich die Mutter des Mädchens – auftauchen musste. Er drehte sich um und sah zum Hinterzimmer hinüber.

»Halt, warte auf mich, bitte!«

Eine Frau erschien. Sie hatte schönes pechschwarzes Haar und einen so bleichen Teint, dass sie fast durchscheinend wirkte. Sie mochte Ende zwanzig sein und trug eine blass pfirsichfarbene Tunika und einen beigen Rock mit Rüschen.

»Oh, dieses Kind! Die Einschulungsfeier ist doch erst morgen«, murmelte sie und reckte ratlos die Hände in die Höhe. Dabei seufzte sie, wirkte aber glücklich, keinesfalls bestürzt.

Gohtaro erschrak, als er das Gesicht der Frau sah.

War das möglich?

Er hatte dieses Gesicht schon einmal gesehen. Sie glich fast auf unheimliche Weise der Frau im weißen Kleid, die eben, vor seiner Reise in die Vergangenheit, noch hier auf diesem Platz in ihrem Buch gelesen hatte.

Vielleicht war es ja Zufall – es kam durchaus vor, dass sich Menschen sehr ähnlich sahen. Und die Erinnerung war ebenfalls eine unsichere Sache. Aber weil er die Frau mit dem Buch eben erst gesehen hatte, war er sehr verwirrt.

»Wird dir das auch nicht zu viel?«, fragte der junge Nagare die Frau, löste die Arme und kniff die Augen zusammen. Seine Miene war schwierig zu lesen, aber seine Stimme ließ Sorge erkennen.

»Aber nein, alles in Ordnung. Wir drehen nur eine kleine Runde und schauen uns die Kirschblüte an«, antwortete sie mit einem Lächeln und nickte.

Die Unterhaltung ließ vermuten, dass die Frau gesundheitlich angeschlagen war, aber Gohtaro konnte ihr nichts anmerken. Als alleinerziehender Vater wusste er nur zu gut um die kleinen Opfer, die man brachte, um einem Kind eine Freude zu machen.

»Danke, dass du nach dem Café schaust, Nagare, das ist eine große Hilfe«, erklärte die Frau, während sie zum Ausgang ging. Sie wandte sich noch einmal um, nickte Gohtaro zu und verschwand.

Ding, dong.

In diesem Moment kam Shuichi Kamiya von der Toilette zurück, als hätte er mit der Frau nur die Plätze getauscht.

Uh …

Bei Gohtaro waren alle Gedanken an die Frau verflogen,

als er Shuichi sah. Und er musste daran denken, weshalb er hier war.

Shuichi war genau der junge Mann aus seiner Erinnerung. Oder anders gesagt, Gohtaro musste Shuichi nun furchtbar alt vorkommen.

»Was?«

Der Gohtaro, mit dem sich Shuichi eben noch unterhalten hatte, war erschreckend gealtert, während er auf der Toilette gewesen war. Shuichi starrte Gohtaro entgeistert an.

»Shuichi.«

Als Gohtaro das sagte, hob Shuichi beide Hände.

»Warte, warte, warte!«, fiel er ihm ins Wort. Er blickte Gohtaro feindselig an und erstarrte, als hätte jemand den Film angehalten.

Das sieht nicht gut aus …

Gohtaro hatte erwartet, Shuichi würde die Situation gleich erfassen, wenn er plötzlich stark gealtert auftauchte – immerhin hatte Shuichi ihm selbst erzählt, dass man in diesem Café in der Zeit zurückreisen konnte.

Außerdem hatte er allen Grund, auf Shuichi zu vertrauen.

Sein Freund hatte immer eine gute Auffassungsgabe gehabt. Was das Beobachten, Analysieren und Bewerten anging, hatte Shuichi schon immer besondere Fähigkeiten gezeigt. Gohtaro hatte das auf dem Rugbyfeld aus den nahtlosen Spielzügen seines Freundes ablesen können. Schon vor dem Spiel studierte Shuichi Fähigkeiten und Charaktermerkmale seiner Gegner und speicherte alles in seinem Kopf ab. Seine Erkenntnisse ließ er dann in Spielzüge einfließen, die seine Gegenspieler wie Trottel aussehen ließen. Fehler waren seiner Analyse und Bewertung fremd – mochte die Situation noch so bedrohlich sein.

Und doch schienen die Umstände im Augenblick so seltsam, dass auch er nicht damit zurechtkam.

Gohtaro legte beide Hände an die Tasse, um die Temperatur zu prüfen, und sagte:

»Shuichi, es ist nun so …«

Er wollte die Situation erläutern, aber die Tasse erkaltete offenbar schneller als erwartet. Die Zeit reichte gar nicht aus, um wirklich alles zu erklären. Schon hatte er die ersten Schweißperlen auf der Stirn.

Was soll ich ihm sagen?

Er befand sich in einer Zwickmühle. Wenn er alles erzählen wollte, war der Kaffee bestimmt vorher kalt. Und wenn ihm Shuichi nicht glaubte, dass er aus der Zukunft gekommen war, dann war alles umsonst gewesen.

Kann ich ihm das alles begreiflich machen? Ich fürchte, nein.

Gohtaro wusste, dass er nicht gut erklären konnte. Wenn er genügend Zeit gehabt hätte, dann vielleicht, aber wie viel Zeit blieb ihm noch, bis der Kaffee kalt war? Shuichi blickte ihn immer noch argwöhnisch an – wenn nicht gar eindringlich, so als würde sich sein Blick bis in Gohtaros Herz bohren.

»Du wirst mir wohl nicht glauben, so sehr ich es auch zu erklären versuche, aber …« Die Worte sprudelten aus Gohtaro heraus, denn er wusste, dass er irgendetwas sagen musste.

»Du kommst aus der Zukunft, nicht wahr?«, erwiderte Shuichi so betont, als rede er mit einem Fremden, der den örtlichen Dialekt nicht verstand.

»Ja!«, rief Gohtaro vor lauter Aufregung über Shuichis rasche Auffassungsgabe.

Shuichi rieb sich den Kopf mit der Faust, murmelte kurz

etwas Unverständliches und fuhr dann mit seinen Fragen fort.

»Wie viele Jahre?«

»Hä?«

»Aus wie vielen Jahren in der Zukunft bist du gekommen?«

Shuichi stand der Möglichkeit gegenüber offen, war jedoch zugleich skeptisch und sammelte deshalb weitere Informationen. Genauso machte er es auch vor einem Rugbyspiel und trug nach und nach das nötige Wissen zusammen.

Er hat sich nicht verändert.

Gohtaro entschied sich, Shuichis Frage zu beantworten, denn so würde dieser die Sache am schnellsten begreifen.

»Zweiundzwanzig Jahre.«

»Zweiundzwanzig Jahre?«

Shuichi machte große Augen. Gohtaro hatte ihn noch nie so überrascht gesehen – selbst als der ihn damals zerlumpt auf der Straße getroffen hatte.

Shuichi hatte Gohtaro zwar vom Gerücht um das Café erzählt, hätte aber nie gedacht, selbst einmal jemandem aus der Zukunft gegenüberzustehen. Da aber Gohtaro während Shuichis Gang zur Toilette irgendwie zweiundzwanzig Jahre älter geworden war, konnte man seine Überraschung nachvollziehen.

»Du bist gealtert, keine Frage«, murmelte Shuichi und wirkte etwas entspannter. Offenbar war er nun nicht mehr so argwöhnisch.

»Schon möglich«, antwortete Gohtaro unsicher.

Hier saß er, ein Mann von einundfünfzig Jahren, und benahm sich vor diesem Neunundzwanzigjährigen wie ein verschüchtertes Kind. Aber für Gohtaro war es ein Wiedersehen mit seinem Schutzengel, der ihm wieder ins Leben zurückgeholfen hatte.

»Aber du siehst gut aus und scheinst fit zu sein, was?«, meinte Shuichi, der ganz rote Augen hatte. »He, was ist denn?«

Gohtaro wäre beinahe von seinem Platz aufgestanden, so überrascht war er von Shuichis Gesichtsausdruck. Eigentlich hatte er erwartet, Shuichi wäre schockiert, seinem gealterten Freund plötzlich so gegenüberzustehen.

Shuichi kam näher heran, ohne Gohtaro aus den Augen zu lassen, und nahm ihm gegenüber Platz.

»Shuichi?«

Man hörte Tränen mit einem leisen Tip-tip auf den Tisch tropfen.

Stockend und voller Sorge setzte Gohtaro an, etwas zu sagen, als Shuichi mit bebender Stimme bemerkte: »Einen schicken Anzug hast du da an …«

Das Tip-tip der Tränen ging weiter.

»Steht dir gut.«

Der Gohtaro aus der Zukunft war in dem Moment vor Shuichi aufgetaucht, als dieser gerade dabei war, das Leben seines Freundes zum Guten zu wenden. Eben erst hatte er Gohtaro zerlumpt und verlassen draußen auf der Straße aufgelesen. Deshalb freute sich Shuichi nun von ganzen Herzen, ihn so vor sich zu sehen.

»Zweiundzwanzig Jahre? Ich wette, da hat es zwischendurch auch mal harte Zeiten gegeben, oder?«

»Eigentlich nicht, die Zeit ist fast wie im Flug vergangen …«

»Ach?«

»Ja, schon.«

Shuichis Augen waren immer noch rot, aber er strahlte.

»Und das verdanke ich dir«, sagt Gohtaro und erwiderte das Lächeln.

»Ich verstehe, ha.« Shuichi lachte verlegen, zog ein Taschentuch aus seinem Jackett und schnäuzte sich. Aber noch immer fielen Tränen mit einem Tip-tip auf den Tisch.

»Also, was ist?«

Shuichi blickte Gohtaro an, als würde er fragen: Warum bist du gekommen? Er wollte nicht klingen, als würde er den Freund verhören. Aber er kannte die Regeln dieses Cafés, insbesondere auch die begrenzte Zeit bei so einem Zusammentreffen. Er konnte sich nicht vorstellen, dass Gohtaro ohne einen Grund gekommen war. Deshalb hatte Shuichi das Gefühl, er müsse gleich auf den Punkt kommen, anstatt sich in Gefühlsduseleien zu ergehen.

Gohtaro rückte jedoch nicht gleich mit der Antwort heraus.

»Alles in Ordnung?«, fragte Shuichi etwa so, wie man ein weinendes Kind ansprechen würde.

»Wenn ich ehrlich sein soll …«

Er prüfte noch einmal die Temperatur des Kaffees und erklärte:

»Haruka wird bald heiraten.«

»Oh?«

Das musste selbst für den geistesgegenwärtigen Shuichi ein Schock sein. Sein Lächeln erstarb sofort. Was vollkommen verständlich war. Für diesen Shuichi hier war Haruka praktisch noch ein neugeborenes Kind.

»Was … was? Was bedeutet das?«

»Äh, keine Sorge, alles ist bestens«, beruhigte ihn Gohtaro. Er hatte schon damit gerechnet, dass sich Shuichi bei diesem Gespräch aufregen könnte.

Er hob die Tasse an und trank einen Schluck. Es war

nicht ganz klar, welche Temperatur nun als kalt gelten sollte, aber der Kaffee war immer noch deutlich wärmer als seine Lippen.

Ein bisschen wird es noch gehen.

Er stellte die Tasse wieder auf die Untertasse. Dann erzählte er die Geschichte so, wie er sie sich zurechtgelegt hatte. Dabei vermied er tunlichst, was Shuichi verstören könnte – insbesondere alles, woraus sein stets wachsamer Freund schließen könnte, dass er gestorben war.

»Du hast mich in der Zukunft darum gebeten, dich aus der Vergangenheit zu holen, damit du bei Harukas Hochzeit eine Rede hältst.«

»Ich wollte, dass du mich holst?«

»Ja, als Überraschung.«

»Eine Überraschung?«

»Aber du weißt ja, der Shuichi aus der Zukunft und der aus der Vergangenheit können nicht zusammentreffen …«

»Und deshalb bist du selbst gekommen?«

»Genau, deshalb«, erwiderte Gohtaro und war wieder einmal erstaunt darüber, wie rasch Shuichi begriff.

»Okay, ich glaube, ich verstehe, was du meinst.«

»Und? Was sagst du? Ein wenig außergewöhnlich, nicht wahr?«

»Keine Frage. Und ziemlich merkwürdig.«

»Kann man wohl sagen.« Gohtaro zog eine neu gekaufte extradünne Videokamera hervor, wie es sie vor zwanzig Jahren ganz bestimmt nicht gegeben hatte.

»Und was ist das?«

»Das ist eine Kamera.«

»Dieses winzige Ding?«

»Ja. Und Videos nimmt sie auch auf.«

»Videos auch?«

»Sicher.«

»Unglaublich.«

Shuichi blickte Gohtaro eindringlich an, während der nach dem Einschaltknopf der Kamera suchte, mit der er noch nicht vertraut war.

»Sieht aus, als hättest du sie extra gekauft.«

»Hm? Äh, ja, das stimmt«, antwortete Gohtaro, ohne nachzudenken.

»An deinem Spiel in der Endphase musst du aber noch arbeiten, weißt du?«, murmelte Shuichi mit ernstem Gesicht.

»Ja, entschuldige, ich hätte mir vorher anschauen sollen, wie das verdammte Ding funktioniert«, erwiderte Gohtaro und bekam rote Ohren.

»Ich rede nicht von der Kamera«, bemerkte Shuichi, immer noch in ernstem Tonfall.

»Hä?«

»Ach, vergiss es.«

Shuichi beugte sich vor und legte die Hand an die Tasse. Da er mit den Regeln des Kaffees vertraut war, befürchtete er wohl, dass ihnen nicht mehr viel Zeit bleiben würde.

»Also gut, dann mal los!«, rief er. Voller Energie sprang er auf und drehte sich um, sodass er Gohtaro nun den Rücken zukehrte.

»Wir haben nur diese eine Chance, richtig?«, fragte er.

Angesichts der Temperatur des Kaffees glaubte auch Gohtaro nicht, dass sie Zeit für eine zweite Aufnahme hatten.

»Genau. Das wird bestimmt klasse«, antwortete er. »Also gut, ich starte jetzt.« Er drückte auf den Aufnahmeknopf.

»Weißt du … du warst schon immer ein lausiger Lügner«, murmelte Shuichi.

Seine Worte schienen Gohtaro nicht erreicht zu haben, denn er zeigte keine Reaktion und richtete die Kamera unverwandt weiter auf Shuichi.

»Für Haruka, in zweiundzwanzig Jahren«, sagte Shuichi. »Herzlichen Glückwunsch zu deiner Hochzeit.« Dann schnappte er sich die Kamera und trat rasch zurück, sodass Gohtaro ihn nicht erreichen konnte.

»He!«, protestierte Gohtaro und streckte die Hand aus.

»Nicht bewegen!«, sagte Shuichi.

Gohtaro rührte sich nicht. Ihm lief es bei Shuichis strengem Befehl eiskalt den Rücken hinunter. Wäre die Warnung nur eine Sekunde später gekommen, wäre er vom Stuhl aufgesprungen. Glücklicherweise besann er sich gerade noch rechtzeitig. »Warum hast du das getan?«, fragte er.

Seine Stimme hallte im ganzen Raum, aber zum Glück waren sie die beiden einzigen Gäste. Sonst stand nur Nagare hinter der Theke, aber der schien sich nicht für sie zu interessieren. Er stand regungslos mit verschränkten Armen da, und ihm war keinerlei Überraschung anzumerken.

Shuichi atmete tief durch, richtete die Kamera wieder auf sich und verkündete:

»Haruka. Alles Gute zur Hochzeit.«

Gohtaro hatte immer noch nicht begriffen, weshalb sich Shuichi die Kamera geschnappt hatte, aber als sein Freund die Aufnahme fortsetzte, war er erleichtert.

»Am Tag deiner Geburt standen die Sakura in voller Blüte. Ich weiß noch genau, wie ich dich zum ersten Mal in den Armen hielt, wie rot du im Gesicht warst, ein winziges Ding, ganz in dich zusammengerollt.«

Gohtaro schätzte sich glücklich, dass Shuichi mitspielte. Schon griff er zur Kaffeetasse, um gleich nach dem Ende von Shuichis Botschaft wieder in die Gegenwart zurückzukehren.

»Es machte mich so glücklich, einfach nur in dein lächelndes Gesicht zu blicken. Und dich im Schlaf zu beobachten gab mir allen Antrieb, den ich benötigte. Es ist die allergrößte Freude meines Lebens, dass ich durch deine Geburt gesegnet wurde. Niemand auf der ganzen Welt ist mir so kostbar wie du. Und wenn es für dich ist, kann ich alles schaffen …«

Alles verlief nach Plan. Gohtaro musste nur noch die Kamera zurückbekommen und in die Gegenwart reisen.

»Ich wünsche dir ein glückliches Leben, solange …« Mit einem Mal brach Shuichi vor Rührung die Stimme. »Solange du lebst.«

Tip-tip, tip-tip.

»Shuichi?«

»Können wir das Theater beenden?«

»Was?«

»Hör auf mich anzulügen, Gohtaro!«

»Lügen? Ich weiß nicht, was du damit meinst …«

Shuichi blickte hinauf zur Decke und seufzte tief. Seine Augen waren stark gerötet.

»Shuichi?«

Shuichi biss sich in den Handrücken. Offenbar versuchte er, seine Ergriffenheit durch Schmerz zu unterdrücken.

»Shuichi!«

»Ich …«

Tip-tip.

»… werde nicht dabei sein …«

Tip-tip, tip-tip.

Er presste die Worte stockend zwischen knirschenden Zähnen hervor.

»… bei Harukas Hochzeit, nicht wahr?«

»Was sagst du da? Ich sagte doch, dass es deine Idee war, oder?«, haspelte Gohtaro hastig zusammen.

»Du hast doch nicht ernsthaft erwartet, dass ich darauf hereinfalle, oder?«, gab Shuichi zurück.

»Das sind keine Lügen!«

Als er das hörte, drehte er sich um und blickte Gohtaro mit seinen geröteten Augen an.

»Wenn du die Wahrheit sagst, warum weinst du dann schon die ganze Zeit?«

»Hä?«

Tip-tip, tip-tip.

Was? Ich würde das doch bemerken, wenn ich weinte, dachte Gohtaro, aber es war so, wie Shuichi gesagt hatte. Ihm liefen dicke Tränen aus den Augen, die mit deutlich hörbarem Tip-tip auf den Tisch platschten, dass es im ganzen Café hallte.

»Oh, das ist merkwürdig. Wann habe ich denn damit angefangen?«

»Das hast du nicht bemerkt? Du weinst schon die ganze Zeit.«

»Die ganze Zeit?«

»Schon seit ich aus der Toilette zurückgekommen bin.«

Gohtaro blickte auf die Pfütze hinunter, die sich auf dem Tisch gebildet hatte.

»D-das sind doch n-nur …«

»Und das ist noch nicht alles.«

»Hä?«

»So wie du ›Haruka wird heiraten‹ verkündet hast – als würde ein Vater von seiner eigenen Tochter sprechen. Da drängt sich mir der Gedanke auf, dass du Haruka – an meiner Stelle – wie eine Tochter aufgezogen hast!«

»Shuichi!«

»Und das bedeutet …«

»Nein, du verstehst das alles falsch.«

»Komm schon, heraus mit der Wahrheit.«

»…«

»Also bin ich …«

»Nein, Shuichi, warte …«

»… bin ich tot?«

Tip-tip, tip-tip.

Statt einer Antwort liefen bei Gohtaro die Tränen noch stärker.

»Das ist heftig«, murmelte Shuichi.

Gohtaro schüttelte übertrieben wie ein Kind den Kopf, hielt die Täuschung aber nicht mehr aus. Seine Schultern bebten, während er versuchte, sein Schluchzen zu unterdrücken. Er biss sich auf die Lippe und zog den Kopf ein.

Shuichi ließ sich auf einen Stuhl in der Nähe des Eingangs sinken.

»Und wann?«

Shuichi fragte, wann er sterben würde.

Gohtaro wollte nur noch den Kaffee hinunterkippen und in die Gegenwart zurückkehren, aber seine Hände hielten seine Knie umklammert, er war wie eingefroren und konnte sich nicht rühren.

»Keine Lügen mehr, okay? Raus damit«, flehte Shuichi und sah seinem Freund in die Augen.

Gohtaro blickte weg und legte die Hände wie zum Gebet aneinander. Er stieß einen tiefen Seufzer aus.

»In einem Jahr …«

»Mir bleibt nur noch ein Jahr?«

»Es war ein Autounfall.«

»Oh, mein Gott, wirklich?«

»Du warst mit Yoko unterwegs …«

»Oh, mein Gott, nein. Yoko auch?«

»Deshalb habe ich sie … großgezogen. Haruka.«

Gohtaro mühte sich, ihren Namen auszusprechen, ohne wie ihr Vater zu klingen, aber Shuichi bemerkte das natürlich.

»Ich verstehe …«, murmelte er und lächelte schwach.

»Aber ich habe vor, das zum Ende zu bringen … heute«, erklärte Gohtaro, aber dann verloren sich seine Worte.

Gohtaro war nie über die Vorstellung hinweggekommen, dass er die Vater-Tochter-Beziehung, die er während der vergangenen zweiundzwanzig Jahre zu Haruka aufgebaut hatte, einzig Shuichis Tod verdankte. Dass es ihn glücklich machte, Zeit mit ihr zu verbringen, stand dabei außer Frage.

Aber je mehr ihn das beglückte, desto dringender beschlich ihn der Verdacht, dass ihm dieses Glück nicht zustand, da es Shuichi außen vor ließ.

Hätte er es geschafft, Haruka zu sagen, dass er nicht ihr leiblicher Vater war, dann hätte sich ihre Beziehung vielleicht anders entwickelt. Aber jetzt hatte es keinen Sinn mehr, sich vorzustellen, was gewesen sein könnte.

Es war nicht mehr lange bis zum Tag ihrer Hochzeit. Und alles aufzuschieben, bis es beim Aufgebot herauskommen musste, hatte sein schlechtes Gewissen nur noch verstärkt.

Ich habe die Wahrheit nur deshalb nicht gesagt, weil ich Angst hatte, mein eigenes Glück damit aufs Spiel zu setzen.

Und damit hatte er nicht nur Haruka betrogen, sondern auch Shuichi, seinen Schutzengel.

Das ist so erbärmlich von mir. Ich habe es gar nicht verdient, so etwas Außergewöhnliches wie Harukas Hochzeit mitzuerleben.

Deshalb hatte er überlegt, sich aus Harukas Leben zurückzuziehen, sobald er die Wahrheit offenbart hatte.

Shuichi erhob sich langsam, die Kamera immer noch in der Hand. Er kam wieder zu Gohtaro herüber, der zusammengesunken dasaß. Shuichi richtete das Objektiv so aus, dass beide Männer im Bild waren, und legte Gohtaro den Arm um die Schulter.

»Du hast aber nicht vor, zur Hochzeit zu gehen, oder?«, fragte Shuichi und schüttelte Gohtaro an der Schulter.

Shuichi hatte alles durchschaut.

»Nein, habe ich nicht«, antwortete Gohtaro, immer noch tief gebeugt. »Harukas Vater ist Shuichi … du bist das … aber ich habe es nie geschafft, ihr von dir zu erzählen, ihrem leiblichen Vater. Dabei hast du mir geholfen … und ich weiß, ich hätte das nicht tun dürfen … aber ich dachte, wenn Haruka meine eigene … meine eigene Tochter wäre, dann …« Gohtaro verhedderte sich in seinen Worten. »Und deshalb zog ich etwas in Betracht, das eigentlich undenkbar war.«

Er schlug beide Hände vors Gesicht und fing an hemmungslos zu heulen.

Dieser Gedanke hatte ihn immer gequält.

Denn wenn er dachte: Wenn Haruka nun meine eigene Tochter wäre, dann war das, als hätte es Shuichi nie gegeben. Gohtaro, der auf ewig in der Schuld seines Freundes zu stehen glaubte, verabscheute sich dafür, so etwas auch nur gedacht zu haben.

»Okay, jetzt verstehe ich es … und es passt zu dir, dass du dir so etwas antust. Das hat dir doch bestimmt all die Jahre fürchterlich zu schaffen gemacht, nicht wahr?«

Shuichi schniefte laut.

»Also gut … bringen wir's heute zu Ende«, fuhr er fort und zupfte Gohtaro am Ohrläppchen.

»Es tut mir leid, es tut mir so leid!«, wiederholte Gohtaro, dem Tränen zwischen den vors Gesicht geschlagenen Händen herausliefen und tip-tip auf den Tisch tropften.

»Also gut!«, sagte Gohtaro und richtete die Kamera auf sich.

»Haruka, hör mal! Hier mein Vorschlag«, verkündete er. Seine Stimme dröhnte zuversichtlich durchs Café.

»Ab heute«, hob er an und zog Gohtaro an der Schulter zu sich, »werden wir beide deine Väter sein – ich und Gohtaro. Klingt das nicht gut?«

Gohtaro hörte auf zu schluchzen, und seine Schulter bebte nicht mehr. Shuichi war aber noch nicht fertig.

»Ab heute hast du einen Extra-Dad. Das ist doch kein schlechter Deal, oder? Was meinst du?«

Gohtaro hob langsam das verweinte Gesicht.

»Warte mal, was sagst du da?«, murmelte er verwirrt.

Shuichi wandte sich an Gohtaro.

»Du verdienst es, glücklich zu sein!«, verkündete er voller Überzeugung. »Du kannst jetzt wirklich aufhören, dich mit Gedanken über mich zu quälen.«

Gohtaro erinnerte sich noch gut. So war Shuichi schon

immer gewesen. Ganz egal, wie aussichtslos die Lage – immer optimistisch. Weitermachen war die einzige Option gewesen. Und wie es seine Art war, dachte er an Glück und Wohlergehen der anderen, obwohl er gerade von seinem Tod erfahren hatte.

»Sei glücklich! Gohtaro …«

Und so hockten in der Ecke des kleinen Cafés zwei bullige Männer beisammen, umarmten einander und weinten.

Über ihnen zog der Ventilator bedächtig seine Kreise.

Shuichi hörte als Erster auf und fasste Gohtaro an der Schulter.

»He! Schau in die Kamera. Das soll doch eine Botschaft für Harukas Hochzeit werden, oder?«

Und auf Shuichis Arm gestützt, schaffte es Gohtaro endlich, in die Kamera zu blicken, mit aufgedunsenem Gesicht und voller Tränen.

»Und jetzt lächeln«, drängte ihn Shuichi. »Los, jetzt machen wir beide glückliche Gesichter und wünschen Haruka einen schönen Hochzeitstag, nicht wahr?«

Gohtaro versuchte zu lächeln, war aber nicht dazu imstande.

Als Shuichi das sah, musste er schallend lachen. Er legte die Kamera zurück in Gohtaros Hand.

»Und du wirst das Haruka auch bestimmt zeigen, ja?«

Mit diesen Worten erhob sich Shuichi.

»Es tut mir leid, Shuichi.«

Gohtaro weinte immer noch.

»Stimmt etwas nicht mit dem Kaffee?«, fragte Nagare hinter der Theke leise. Auf diese Weise drückte er seine Sorge aus. Der Kaffee wurde langsam kalt.

›Sie vergessen doch nicht, dass es Zeit wird, oder?‹ war, was er damit sagen wollte.

»Ja, du solltest jetzt los«, sagte Shuichi. Gohtaro starrte ihm in die Augen.

»Shuichi!«, rief er.

»Ist schon okay. Mach dir keine Sorgen. Mir geht's gut«, antwortete er, konnte damit aber Gohtaros düstere Miene nicht aufhellen. Shuichi lächelte schief. »He! Willst du etwa als Gespenst auf Harukas Hochzeit herumgeistern?«, fragte er und tätschelte Gohtaro die Schulter.

Gohtaro wandte ihm das verweinte Gesicht zu.

»Entschuldige«, murmelte er.

»He, alles okay. Trink aus!«, entgegnete Shuichi und winkte mit den Händen.

Gohtaro ergriff die Tasse, spürte, dass sie fast kalt geworden war und leerte sie in einem Schluck.

»Uh …«

Wieder spürte er, wie sich etwas wie Schwindel um ihn zusammenzog.

»Shuichi –!«, rief Gohtaro, aber er hatte bereits begonnen, sich in Dampf aufzulösen. Offenbar hatte seine Stimme den Freund nicht mehr erreicht. Doch gerade, als er glaubte, dass die schimmernde Umgebung wieder Wellen zu schlagen begann, hörte er in seinem benommenen Zustand Shuichi deutlich sagen:

»Pass gut auf Haruka auf.«

Genauso hatte es der zweiundzwanzig Jahre jüngere Gohtaro ein Jahr später gehört, an dem Tag, als die Sakura-Blüten wie Schnee über den makellosen Himmel getanzt waren.

Und dann bemerkte Gohtaro, dass sich die Geschwindigkeit genau wie zuvor auf dem Weg in die Vergangenheit immer mehr steigerte, während er wieder in die Gegenwart geholt wurde. Er verlor das Bewusstsein.

»Monsieur?«

Mit Mikis Stimme erlangte Gohtaro wieder das Bewusstsein. Das Innere des Cafés sah noch genau gleich aus. Aber vor sich sah er Miki, Nagare und Kazu.

War das ein Traum gewesen?

Abrupt wandte er den Blick auf seine Hand und die Kamera, die er dort hielt. In aller Eile drückte er auf den Abspielknopf.

Während er noch auf den Bildschirm starrte, kehrte die Frau im Kleid von der Toilette zurück und blieb vor seinem Tisch stehen.

»Weg da!«, schnauzte sie mit Furcht einflößender, kehliger Stimme.

»Oh, Entschuldigung«, antwortete Gohtaro und sprang hastig auf.

Die Frau im Kleid ließ sich in aller Gelassenheit auf dem Stuhl nieder und schob demonstrativ die Tasse, die noch auf dem Tisch stand, von sich fort als Aufforderung, diese abzuräumen.

Miki erledigte das umgehend. Ohne Tablett trug sie die Tasse in beiden Händen davon. Dabei schlappte sie an Gohtaro vorbei und weiter bis zu Nagare hinter der Theke.

Sie übergab ihm die Tasse.

»Monsieur weint, meine Süßen. Moi fragt sich, ob es ihm gut geht?«, rief sie, nun wieder gekünstelt wie zuvor. Nagare blickte hinüber zu Gohtaro, der wieder auf den Bildschirm der Kamera starrte und dabei so heftig weinte, dass seine

Schultern bebten. Der Anblick schien auch ihn zu beunruhigen, denn er fragte: »Alles in Ordnung bei Ihnen?«

»Ja, danke«, erwiderte Gohtaro, den Blick fest auf den Kameraschirm gerichtet.

»Also dann … okay«, sagte Nagare und blickte hinunter zu Miki. »Er sagt, alles in Ordnung«, flüsterte er. Kazu kam mit einem frischen Kaffee für die Frau im Kleid aus der Küche.

»Wie ist es gegangen?«, fragte sie Gohtaro, während sie neben dem besonderen Stuhl stand, den Tisch abwischte und den Kaffee servierte.

»Sei glücklich …«, antwortete Gohtaro leise mit einem Blick auf den Stuhl. »… hat er gesagt.« Er biss die Zähne zusammen.

»Ach, wirklich?«, erwiderte Kazu.

Auf dem Bildschirm war Shuichi zu sehen, die Hand um Gohtaros Schulter gelegt, während er ihn aufforderte: »Lächeln, lächeln!«

»So meine Süßen, und wann darf moi so etwas tun?«

Gohtaro ging hinüber zur Kasse, um zu bezahlen. Miki zerrte immer noch am Ärmel von Nagares T-Shirt.

»Dazu müsstest du zuerst einmal mit diesem moi aufhören!«

»Aber moi möchte das tu-n.«

»Jemanden, der moi sagt, lasse ich das aber nicht tun.

»Du bist einfach ein Hasenfuß.«

»Ich bin was?«

Gohtaro wollte schon los, während Nagare und Miki ihren Austausch fortsetzten, blieb aber abrupt stehen.

»Wenn ich fragen darf …«, meinte er, mit einem Blick auf die beiden, zu Kazu.

»Ja?«, antwortete Kazu.

»Sie war Ihre Mutter, nicht wahr?«, fragt Gohtaro und sah hinüber zur Frau im weißen Kleid.

Kazu folgte seinem Blick.

»Ja«, antwortete sie.

Gohtaro wollte fragen, warum ihre Mutter aus der Vergangenheit nicht zurückgekehrt war. Aber Kazus Haltung ließ keine weitere Nachfrage zu; ausdruckslos blickte sie zu der Frau hinüber.

Vor seiner Reise in die Vergangenheit hatte Kazu auf die gleiche Frage geantwortet, die Frau habe ihren verstorbenen Ehemann in der Vergangenheit besucht.

Dieses Mädchen hat möglicherweise sehr viel Schlimmeres erlitten als ich, dachte Gohtaro.

Da er für all das nicht die passenden Worte finden konnte, sagte er nur: »Vielen herzlichen Dank.«

Damit verließ er das Café.

Ding, dong.

»Vor zweiundzwanzig Jahren …«, murmelte Nagare und seufzte.

»Da musst du gerade sieben gewesen sein, was?«, fragte er Kazu, die immer noch Kaname anblickte.

»Ja.«

»Ich hoffe, dass auch du das Glück findest«, sagte Nagare leise vor sich hin.

»Nun, ich –«

Kazu wollte offenbar etwas sagen, aber Miki fiel ihr ins Wort.

»He, meine Süßen … Wie lange noch, bis moi es tun darf?«, fragte sie und schlängelte sich um Nagares Beine.

Kazu sah das Mädchen mit einem herzlichen Lächeln an.

»Du lässt einfach nicht locker, was?«, meinte Nagare und seufzte. »Deine Zeit wird schon noch kommen!«, sagte er und versuchte, sich wieder von Miki loszumachen.

»Und wann wird das sein? Um welche Uhrzeit, an welchem Tag?«

»Deine Zeit wird kommen, wenn deine Zeit kommt!«

»Das verstehe ich nicht«, sagte Miki, immer noch beharrlich an Nagares Bein geklammert. »Wann, wann, waa-n-n?«

Und gerade als Nagare mit seiner Geduld am Ende war …

»Auch deine Zeit wird kommen, Miki«, schaltete sich Kazu in die Unterhaltung ein. Sie kam heran und ging in die Hocke, um dem Mädchen in die Augen zu sehen.

»Wenn du sieben bist«, flüsterte sie.

»Wirklich?« Miki glotzte Kazu mit riesigen Augen an.

»Ja, wirklich«, bestätigte Kazu.

Miki sah an Nagare hinauf und wartete auf seine Antwort.

So wie Nagare aussah, war er von dieser Idee nicht begeistert, aber dann seufzte er resigniert.

»Okay«, sagte er und nickte ein paarmal.

»Jippie! Hurra!« Sofort war Miki ganz außer sich vor Freude. Sie hüpfte und tanzte ausgelassen herum, und dann verschwand sie im Hinterzimmer.

Nagare schüttelte den Kopf und brummte: »Was habe ich da bloß gesagt?«, und dann jagte er ihr hinterher.

Kazu, die zurückblieb, sah schweigend zu der Frau im weißen Kleid hinüber, die in ihrem Buch las.

»Es tut mir leid, Mum, ich… noch immer …«, flüsterte sie.

Laut hörbar, und wie im Einklang mit Kazu, tickten die drei Standuhren.

Immer … …

Immer … …

MUTTER UND SOHN

Nichts lässt einen so sehr denken: ›Ah, der Herbst ist gekommen!‹, als wenn man das Zirp-zirp der Suzumushi hört, der Singgrille.

Derart wohlige Gefühle gegenüber Insekten sind allerdings ein ganz besonderes Kulturphänomen. Außerhalb von Japan und Polynesien gilt das Zirpen von Insekten eher als lästiger Lärm.

Einer Theorie zufolge wanderten die japanischen und polynesischen Völker ursprünglich aus der Gegend der heutigen Mongolei nach Süden ein. Phonetisch sind sich das Samoanische – eine polynesische Sprache – und das Japanische sehr ähnlich. Beide verwenden die fünf Vokale A, E, I, O und U, und in beiden Sprachen werden die Wörter aus Konsonanten und Vokalen oder auch nur Vokalen gebildet.

Außerdem können im Japanischen Geräusche durch lautmalerische Ausdrücke kommuniziert werden; lautlose Vorgänge lassen sich mimetisch darstellen. Aber seien es das onomatopoetische Sala-sala eines plätschernden Flusses, das Byuu-byuu, mit dem der Wind bläst, oder das mimetische Shin-shin geräuschlos fallender Schneeflocken oder Kan-kan, das sengende Sonnenstrahlen verdeutlichen soll: Alle diese Worte beschwören eine ganz bestimmte Stimmung der uns umgebenden Welt herauf.

Auch in modernen japanischen Comics erwachen diese Begriffe zum Leben, wenn sie außerhalb der Sprechblasen, direkt über den Zeichnungen, auftauchen. Stellt sich eine Gestalt dramatisch in Positur, dann wird zur Betonung ZUBAAN! eingefügt, oder DOHN!, um den Aufprall eines schweren Gegenstandes zu verstärken. Sulu-sulu verleiht einer glitschigen Oberfläche zusätzlich Textur, und mittels shi-n lässt sich das Wesen der Stille einfangen. Derartige Glyphen verstärken in Comics die Realität des Augenblicks.

Im Musikunterricht wird häufig ein mit derartigen Ausdrücken förmlich gespicktes Lied gesungen:

Ich höre die Kieferngrille zirpen!
Chin-chillo chin-chillo chin-chillo-lin
Ich höre die Singgrille zirpen!
Lin-lin lin-lin li – n-lin.

Eines Abends im Herbst …

sang Miki Tokita dieses Lied mit dem Titel »Harmonie der Insekten«, und zwar ziemlich laut. Es war ihr wichtig, dass ihr Vater Nagare Tokita sich das Lied anhörte, das sie an diesem Tag in der Schule gelernt hatte. Vor lauter Hingabe bekam das kleine Mädchen beim Singen ein ziemlich rotes Gesicht.

Die vielen falschen und sehr lauten Töne machten Nagare das Zuhören nicht leicht. Eine tiefe Furche grub sich mitten in seine Stirn, und seine Mundwinkel bogen sich zu einem umgekehrten U.

»Zirpen, die ganze lange Herbstnacht.
Oh, wie schön, diese Insektensymphonie zu hören!«

Als Miki zu Ende gesungen hatte, bekam sie Applaus.

»Wunderschön, wunderschön«, sagte Kyoko Kijima und

klatschte in die Hände. Miki schmunzelte selbstzufrieden angesichts von Kyokos Lob.

»Ich kann die Kieferngrille zirpen hören …«, setzte sie aufs Neue an.

»Sehr schön, Miki, aber jetzt ist es genug!«, unterbrach Nagare sie genervt. Nach diesem dritten Mal reichte es ihm wirklich. »Danke, dass du uns dein Lied vorgesungen hast, aber jetzt schau erst einmal, dass du deinen Randoseru wegräumst.« Er nahm ihren Schulranzen von der Theke und hielt ihn ihr hin.

Miki, die wegen des Lobs vor Stolz fast platzte, sagte: »Okay«, und verschwand im Hinterzimmer.

»Chin-chillo chin-chillo chin-chillo-lin …«

Die singende Miki ging gerade hinaus, als Kazu Tokita, die Bedienung des Cafés, auftauchte. »Fühlt sich wirklich an, als wäre der Herbst da«, murmelte sie in Richtung Kyoko. Unbezweifelbar war mit – oder trotz – Mikis Gesang der Herbst ins Café eingezogen, obwohl dieses zu allen Jahreszeiten gleich aussah.

Ding, dong.

Die Türglocke läutete, und herein kam Kiyoshi Manda, ein Kriminalkommissar an der Polizeistation Kanda von etwa sechzig Jahren. Es war Anfang Oktober und morgens schon ziemlich frisch. Kiyoshi zog seinen Trenchcoat aus und setzte sich an den Tisch gleich beim Eingang.

»Hallo. Willkommen«, sagte Kazu und stellte ein Glas Wasser vor ihm hin.

»Kaffee, bitte«, erwiderte Kiyoshi.

»Ist gleich so weit«, antwortete Nagare von hinter der Theke und schlüpfte hinaus in die Küche.

Als Nagare fort war, flüsterte Kyoko, sodass es nur Kazu hören konnte: »Kazu, neulich habe ich dich vor dem Bahnhof mit einem Mann gehen sehen! Wer war das denn? Du wirst doch nicht etwa einen Freund haben, oder?«

Sie lächelte und ließ spitzbübisch die Augen funkeln, als erwartete sie eine unerwartete Reaktion von Kazu – ein verlegenes Erröten vielleicht.

Kazu blickte ihr aber nur unverwandt ins Gesicht und erwiderte: »Ja.«

Kyoko schien wirklich überrascht.

»Wirklich? Das wusste ich ja gar nicht!«, tönte sie und beugte sich zu Kazu hinüber, die hinter der Theke stand.

»Nun, ich habe einen.«

»Und seit wann?«

»Er war in der Abschlussklasse, damals auf der Kunstschule.«

»Bist du etwa schon seit zehn Jahren mit ihm zusammen?«

»Nein, nein. Wir gehen erst seit dem Frühjahr miteinander.«

»Diesem Frühjahr?«

»Ja.«

»Ach, wirklich?«, bemerkte Kyoko und lehnte sich auf ihrem Hocker so weit nach hinten, dass sie Gefahr lief, das Gleichgewicht zu verlieren. Sie stieß einen tiefen Seufzer aus.

Kyoko war allerdings die Einzige im Café, die ihrer Überraschung freien Lauf ließ. Der Polizist Kiyoshi schien sich für derlei Klatsch nicht zu interessieren. Ihn kümmerte nur das schwarze Notizbuch in seinen Händen, das er tief in Gedanken versunken anstarrte.

Kyoko rief zu Nagare in die Küche hinüber:

»He, Nagare! Hast du gewusst, dass Kazu einen Freund

hat?« Es war nur ein kleines Café. Kyoko blickte Kazu an und zuckte mit den Achseln. War das vielleicht ein bisschen zu laut? Wieder forschte sie in Kazus Gesicht nach Anzeichen von Verlegenheit.

Kazu polierte jedoch, gelassen wie immer, ein Glas. Für sie gab es da nichts zu verbergen. Und sie hatte nur geantwortet, weil man sie gefragt hatte.

Als von Nagare keine Antwort kam, rief Kyoko noch einmal: »Und? Hast du?« Einen Augenblick später war zu hören:

»Ja, schon, glaube ich.«

Seltsamerweise klang das bei ihm ausweichend und schien ihm peinlicher zu sein als Kazu.

Nagare kam aus der Küche. »Und was soll daran so überraschend sein?«, fragt er.

Er ging zu Kiyoshi hinüber und servierte ihm seinen frisch gebrühten Kaffee.

Kiyoshi sah zufrieden aus; er lächelte breit und sog über der Tasse genüsslich den Duft ein.

Als Nagare das sah, wurden seine schmalen Augen vor Freude etwas runder. Dass der Kaffee, den er hier im Café anbot, über das Gewöhnliche hinausging, erfüllte ihn mit Stolz und Freude. Kiyoshis Lächeln war ihm eine Belohnung. Befriedigt verschwand er wieder hinter der Theke.

»Na ja, das sollte es wahrscheinlich nicht«, fuhr Kyoko fort, »aber es ist eben Kazu. Wer hätte ausgerechnet ihr ein heimliches Liebesleben zugetraut?«

»M-hm«, erwiderte Nagare gleichgültig und zog die Augen noch schmäler zusammen. Er fing an, etwas vor sich hin zu summen, während er ein Silbertablett polierte. Was ihn betraf, war Kiyoshis Lächeln weitaus bedeutsamer als dieser Tratsch über Kazus Freund.

Kyoko warf Nagare einen Seitenblick zu.

»Und, was habt ihr denn neulich zusammen gemacht?«, fragte sie Kazu neugierig.

»Wir suchten ein Geschenk.«

»Ein Geschenk?«

»Für den Geburtstag seiner Mutter.«

»Ich verstehe.«

Kyoko löcherte Kazu noch eine ganze Weile mit verschiedenen Fragen über ihren Freund. Sie wollte wissen, was für einen Eindruck er anfangs auf sie gemacht und wie er sie angesprochen habe, und so weiter. Und da Kazu alles bereitwillig beantwortete, nahmen die Fragen kein Ende.

Am meisten schien Kyoko zu beschäftigen, wie oft er sie gefragt hatte, ob sie seine Freundin werden wolle. Das war nicht einmal, sondern dreimal geschehen: gleich nachdem sie sich kennenlernten, dann drei Jahre später und zuletzt dieses Jahr im Frühling. Bislang hatte Kazu alle Fragen beantwortet. Warum sie aber zweimal abgelehnt und erst beim dritten mal Ja gesagt hatte, quittierte sie nur mit einem unbestimmten: »Ich weiß nicht.«

Irgendwann gingen Kyoko aber doch die Fragen aus; sie stützte den Kopf in die Hände und bat Nagare um einen weiteren Kaffee.

»Wie kommt es, dass die schlichte Neuigkeit, dass sie einen Freund hat, dich so in gute Stimmung versetzt?«, fragte Nagare, als er ihr nachgoss.

Kyoko erwiderte mit strahlendem Lächeln: »Weißt du, meine Mutter hat immer gesagt, sie sehne den Tag herbei, an dem Kazu glücklich verheiratet sei.«

Kyokos Mutter Kinuyo war im vorigen Monat nach langer, schwerer Krankheit gestorben. Sie war über viele Jahre Kazus Kunstlehrerin gewesen und hatte Nagares Kaffee geliebt. Bis sie ins Krankenhaus musste, war sie, wann immer sie Zeit hatte, ins Café gekommen. Sowohl Kazu als auch Nagare hatten sie sehr gemocht.

»Ach, wirklich?«, bemerkte Nagare fast feierlich. Kazu bemerkte nichts dazu, aber ihre Hände hielten beim Polieren des Glases inne.

Als Kyoko bemerkte, dass alle wegen ihrer Bemerkung nachdenklich schwiegen, schob sie hastig nach: »Wie dumm von mir, so die Stimmung zu verderben. Ich meine ja gar nicht, dass Mum voller unerfüllter Wünsche gestorben ist. Bitte versteht das nicht falsch.« Aber Kazu war klar, dass es Kyoko nicht so gemeint hatte.

»Ganz im Gegenteil, vielen Dank«, entgegnete Kazu mit einem warmherzigen Lächeln, das sie nur äußerst selten zeigte.

Kyoko hatte immer noch das Gefühl, der Atmosphäre einen Dämpfer versetzt zu haben. Andererseits schien sie froh, dass sie Kazu von Kinuyos Wünschen erzählt hatte. »Oh, gern geschehen«, antwortete sie und nickte glücklich.

»Entschuldigen Sie, wenn ich unterbreche …«

Kiyoshi hatte sich zu Wort gemeldet. Er hatte bislang schweigend seinen Kaffee getrunken und offenbar eine Pause in der Unterhaltung abgewartet.

»Ich würde gerne etwas fragen …«, sagte er und wirkte dabei äußerst verlegen.

Es war nicht klar, an wen er die Bitte gerichtet hatte, aber Kyoko antwortete sofort: »Ja?« –, gleichzeitig mit Nagare, der fragte: »Worum geht es denn?« Kazu dagegen sagte nichts, sondern blickte Kiyoshi nur an. Der zog seine abgewetzte Jagdmütze herunter und kratzte sich seinen weißhaarigen Kopf.

»Es ist nämlich so, dass ich keine Idee habe, was ich

meiner Frau zum Geburtstag kaufen könnte«, murmelte er, als wäre ihm das peinlich.

»Ein Geschenk für Ihre Frau?«, fragte Nagare.

»Genau.« Kiyoshi nickte. Vielleicht hatte er bei der Erwähnung des Geschenks für die Mutter von Kazus Freund gedacht, er könnte hier einen Tipp bekommen.

»Ooch, wie romantisch«, neckte ihn Kyoko. Kazu dagegen nahm seine Frage ernst.

»Was haben Sie ihr denn letztes Jahr geschenkt?«, fragte sie.

Wieder kratzte sich Kiyoshi am Kopf.

»Also, das ist jetzt peinlich, dass ich das zugeben muss, aber ich habe meiner Frau eigentlich nie etwas zum Geburtstag gekauft. Und deshalb weiß ich jetzt nicht, was ich besorgen könnte.«

»Was? Sie haben ihr nie etwas gekauft? Und jetzt mit einem Mal fragen Sie sich … Warum überhaupt?«, wollte Kyoko wissen und riss die Augen weit auf.

»Ach, ich weiß nicht, es gibt gar keinen besonderen Grund …«, antwortete er und tat, als würde er einen Schluck Kaffee trinken, obwohl die Tasse offensichtlich leer war. Natürlich durchschaute Kyoko diesen Versuch, seine Verlegenheit zu überspielen. Sie versuchte, ihr spontanes Kichern zu unterdrücken, und verriet dabei, wie hinreißend sie es selbst fand.

Nagare hatte mit verschränkten Armen dagestanden und den Austausch verfolgt. »So wie ich das sehe«, murmelte er, fuhr dann aber lauter fort, »würde sie sich über alles freuen.«

Kyoko verwarf diesen Vorschlag natürlich sofort. »Einen weniger hilfreichen Rat hätte man ihm ja wohl kaum geben können!«

Der abgekanzelte Nagare bemerkte kleinlaut: »Ähm, Entschuldigung.« Kazu indessen war mit der Kaffeekanne gekommen und schenkte Kiyoshis Tasse wieder voll.

»Wie wär's denn mit einer Halskette?«, schlug sie vor.

»Eine Halskette?«

»Die hier ist jetzt nicht besonders auffällig ...« Während sie das sagte, zeigte sie Kiyoshi ihre eigene Kette. Sie war so dünn, dass man sie erst bemerkte, als sie sie mit den Fingern anhob.

»Welche ist das? Lass mal sehen. Oh, ja! Sehr hübsch! Frauen haben eine Schwäche für so etwas, ganz egal in welchem Alter«, sagte Kyoko, während sie auf Kazus Ausschnitt blickte und nachdrücklich nickte.

»Wo wir gerade davon sprechen, wie alt sind denn Sie, Kazu?«, fragte Kiyoshi.

»Ich bin neunundzwanzig.«

»Neunundzwanzig«, murmelte Kiyoshi, als würde er über etwas nachdenken.

Dann bemerkte Kyoko, was für ein Gesicht Kiyoshi machte, und erklärte zur Beruhigung: »Sie brauchen sich keine Sorgen zu machen – so etwas ist angemessen für Ihr Alter! Eine wundervolle Geste. Ihre Frau wird sich über so ein Geschenk ganz bestimmt freuen.«

Kiyoshis Miene hellte sich augenblicklich auf.

»Verstehe. Vielen herzlichen Dank.«

»Viel Spaß beim Shoppen.«

Kyoko war ebenso überrascht wie beeindruckt. Sie hätte nie gedacht, dass ein älterer, tollpatschiger Polizeibeamter wie Kiyoshi nach Jahren plötzlich auf die Idee verfallen könnte, seiner Frau ein Geburtstagsgeschenk zu kaufen. Natürlich hatte er bei so einem Vorhaben ihre volle Unterstützung.

»Ja, danke«, antwortete Kiyoshi, setzte die abgewetzte Jagdmütze wieder auf und griff nach seiner Tasse.

Auch Kazu lächelte.

»Ich höre den Löwen brüllen!

Brüll, brü-üllll BRRÜÜÜÜÜLLL! Brüll!«

Vom Hinterzimmer schallte Mikis Gesang herüber.

»Die Strophe kenne ich gar nicht«, bemerkte Kyoko, die mit verschränkten Armen dasaß und ins Leere starrte.

»Scheint ihr neues Ding zu sein.«

»Was, sich eigene Verse auszudenken?«

»M-hm.«

»So was machen Kinder gerne, wenn ich's mir recht überlege, nicht wahr? Bei Yohsuke war das in Mikis Alter genauso, ganz egal wo wir gerade waren. Du machst dir keine Vorstellung, was ihm da für Texte eingefallen sind; das war vielleicht peinlich.«

Kyoko sah mit wehmütigem Lächeln zum Hinterzimmer hinüber, wo Miki vor sich hin sang.

»Apropos Yohsuke, in letzter Zeit ist er gar nicht mehr mitgekommen«, wechselte Nagare das Thema.

Yohsuke war Kyokos Sohn. Er ging in die vierte Klasse und war geradezu fußballbesessen. Als Kinuyo noch im Krankenhaus gelegen hatte, waren Kyoko und Yohsuke oft zusammen ins Café gekommen und hatten ihr einen Kaffee von Nagare gebracht.

»Hm?«

»Yohsuke.«

»Ach so … ja«, murmelte Kyoko und griff nach ihrem Glas. »Er kam ja nur mit, weil Mum Kaffee haben wollte.« Sie leerte das Wasserglas.

Seit Kinuyos Tod war Yohsuke nicht mehr im Café gewesen. Gegen Ende ihres sechsmonatigen Kampfes gegen die Krankheit hatte Kinuyo ihren Mund noch einmal mit Nagares Kaffee befeuchtet und dann ihren letzten Atemzug getätigt, als würde sie einschlafen. Nun, da sie nicht mehr lebte, gab es für den Grundschüler, der natürlich keinen Kaffee trank, keinen Grund mehr, hierherzukommen.

Am Ende des Sommers, als Kinuyo bereits seit sechs Monaten im Krankenhaus lag, hatte Kyoko gesagt, sie sei dabei, »sich auf den Tod der Mutter vorzubereiten«. Aber auch jetzt, einen Monat nach ihrem Tod, konnte Kyoko ihre tiefe Trauer nicht verbergen.

Mit der Frage nach Yohsuke hatte Nagare das Gespräch keinesfalls auf Kinuyos Tod lenken wollen und schien das nun zu bedauern.

»Ach, tut mir leid, dass ich davon gesprochen habe«, sagte er und beugte kurz den Kopf, als plötzlich …

»Ich höre den Hahn krähen!

Kikeri kikeri KIKERI-KUCKUCK.«

Wieder hörte man vom Hinterzimmer her Mikis lautstarken Gesang.

Kyoko prustete angesichts dieser Neufassung los, und die gedrückte Stimmung verflog augenblicklich. Gerettet von Miki, dachte sie und lachte schallend los.

»Ich glaube, da hat sie den Hahn mit einem brünftigen Kuckuck gekreuzt«, meinte sie mit einem Blick auf Nagare. Der hatte offenbar etwas Ähnliches gedacht.

»He, Miki, das sind ja ziemlich merkwürdige Strophen!«, rief er laut, seufzte tief und ging nach hinten.

»Manchmal ist Miki echt süß«, sagte Kyoko leise.

»Also, ich muss jetzt los. Danke für den Kaffee«, sagte Kiyoshi und erhob sich. Er zählte aus seiner Geldbörse ein paar Münzen auf die Theke und nickte höflich.

»Danke für Ihren Rat. Das hat mir wirklich geholfen«, bemerkte er und ging.

Ding, dong.

Nun waren nur noch Kyoko und Kazu im Café.

»Und Yukio? Wie kommt der zurecht?«, fragte Kazu leise, während sie das Geld vom Tresen nahm und den Betrag in die klobigen Tasten der Registrierkasse eintippte. Yukio war Kyokos jüngerer Bruder. Er lebte in Kioto und machte eine Töpferausbildung. Kyoko war verdutzt, dass Kazu ihn ins Gespräch gebracht hatte, und blickte sie für einen Moment mit großen Augen an. Kazu wirkte gewohnt unbeteiligt und goss Kyokos leeres Wasserglas nach.

Kazu entgeht nichts.

Kyoko wusste, dass sie etwas sagen musste, und seufzte.

»Yukio wusste gar nicht, dass Mum im Krankenhaus war. Ich durfte ihm nichts sagen …«

Kyoko griff nach ihrem Glas und hob es ein paar Zentimeter hoch, aber anstatt es zum Mund zu führen, schwenkte sie es nachdenklich.

»Ich glaube, er ist ziemlich wütend deswegen. Er ist nicht einmal zur Beerdigung gekommen.«

Kyoko starrte unverwandt ins Glas, wo die Wasseroberfläche glatt und eben blieb, obwohl sie es in verschiedene Richtungen kippte.

»Ich glaube, sein Telefonanschluss ist abgemeldet …«

Genau genommen war es Kyoko nicht gelungen, mit Yukio überhaupt Kontakt aufzunehmen. Bei ihren Anrufen hatte sie nur »Kein Anschluss unter dieser Nummer« zu hören bekommen. Auch bei der Töpferei hatte sie es versucht, aber dort hieß es, er habe vor einigen Tagen gekündigt, niemand wusste etwas über seinen Verbleib.

»Ich habe keine Ahnung, wo er jetzt ist.«

Sie hatte den vergangenen Monat ständig daran denken müssen, dass Yukio nichts von Kinuyos Einweisung ins Krankenhaus gewusst hatte (wenn man sie selbst so im Dunkeln gelassen hätte, wäre sie außer sich vor Wut gewesen und hätte wer weiß was gesagt oder angestellt). Die Sache setzte ihr so sehr zu, dass sie seit Tagen nicht mehr richtig schlief.

Es gab da ja dieses Gerücht, dass man in diesem Café in die Vergangenheit reisen konnte. Kyoko hatte einige Kunden beobachtet, die genau aus diesem Grund hier aufgetaucht waren. Es wäre ihr aber nie in den Sinn gekommen, es könnte etwas geschehen, das bei ihr den Wunsch hervorrief, in der Vergangenheit etwas in Ordnung zu bringen.

Die Sache hatte allerdings einen Haken. Natürlich war da etwas wieder geradezurücken, keine Frage, aber sie wusste nur zu gut, dass das nicht möglich war. Denn selbst wenn sie in der Zeit zurückreiste, galt die unverrückbare Regel, dass man an der Realität der Gegenwart nichts verändern konnte, so sehr man sich in der Vergangenheit auch darum bemühte.

Angenommen, sie reiste zurück zu dem Tag, als Kinuyo ins Krankenhaus kam, und schrieb Yukio einen Brief, dann verhinderte diese Regel, dass ihm ein solcher Brief zugestellt wurde. Und selbst wenn er den Brief erhielt, würde ihr Bruder ihn aus irgendeinem Grund nicht lesen. Er würde trotzdem erst nachträglich von Kinuyos Tod erfahren, ohne zu wissen, dass sie im Krankenhaus gewesen war. Aus Wut würde er dann nicht zur Beerdigung kommen. Denn so funktionierte die Regel. Wenn Kyoko also nichts an der

Gegenwart verändern konnte, ergab es auch keinen Sinn, in die Vergangenheit zu reisen.

»Ich verstehe natürlich, warum Mum verhindern wollte, dass Yukio sich Sorgen macht …«

Aber genau dieser Gedankengang war nun schuld an ihrer misslichen Lage.

»Aber …«

Kyoko schlug die Hände vors Gesicht, und ihre Schultern zitterten. Kazu indessen beschränkte sich auf ihre Tätigkeit als Bedienung, und da ihre Dienste augenblicklich kaum in Anspruch genommen wurden, verging die Zeit in aller Stille.

»Ich sehe wie Daddy vorbeikommt!
Tapp-tapp tapp-tapp Furzewanze
Zirpen, die ganze lange Herbstnacht.
Oh, wie schön, diese Insektensymphonie zu hören!«

Mikis besondere Liedversion war aus dem Hinterzimmer zu hören. Diesmal hallte Kyokos Lachen aber nicht durchs Café.

An diesem Abend …

war Kazu alleine im Café. Nun ja, genau genommen befand sich auch noch die Frau im Kleid dort. Kazu machte sauber, und die Frau im Kleid las wie sonst auch schweigend in ihrem Roman. Wie es schien, hatte sie bald das Ende erreicht. Mit der linken Hand hielt sie nur noch wenige ungelesene Seiten fest.

Kazu mochte diese Tageszeit, wenn das Café geschlossen

war. Nicht, dass ihr das Aufräumen und Saubermachen besonders Spaß machte; sie genoss es einfach, eine Sache zu Ende zu bringen, ohne an irgendetwas zu denken. Das war es auch, was ihr am Zeichnen gefiel.

Kazu war besonders geschickt darin, etwas, das sie vor sich sah, mit dem Bleistift fotorealistisch abzuzeichnen. Sie fand großen Gefallen am Hyperrealismus. Dabei zeichnete sie nicht alles Beliebige, sondern nur in der Wirklichkeit sichtbare Dinge. Sie zeichnete nie aus der Fantasie und auch nichts, das nicht wirklich existieren konnte. Subjektives hatte in ihren Zeichnungen keinen Platz. Sie genoss einfach, das, was sie sah, abzubilden, ohne dabei an irgendetwas zu denken.

Klapp!

Das Geräusch, mit dem die Frau im Kleid das Buch zuklappte, das sie zu Ende gelesen hatte, hallte durchs Café.

Die Frau legte den Roman an eine Ecke des Tisches und griff nach der Kaffeetasse. Als Kazu das sah, zog sie unter der Theke ein Buch hervor und ging zu ihr hinüber.

»Das hier wird vielleicht nicht ganz nach deinem Geschmack sein …«, bemerkte Kazu, als sie das Buch auf den Tisch legte und das ausgelesene an sich nahm.

Sie hatte dies schon so oft getan, dass jede Bewegung mit großer Routine erfolgte. Statt mit ihrem üblicherweise gleichgültigen Gesichtsausdruck übergab sie das Buch allerdings wie ein für einen besonderen Menschen mit großer Sorgfalt ausgewähltes Geschenk, von dem man hofft, dass es Freude macht.

Die Frau im Kleid las nicht besonders schnell. Obwohl sie sonst nichts tat, brauchte sie etwa zwei Tage für ein Buch. Deshalb ging Kazu einmal wöchentlich in die Bücherei und lieh dort eine Anzahl Romane aus. Es handelte sich also streng genommen nicht um Geschenke, aber für Kazu war es trotzdem mehr als eine lästige Pflicht, für Nachschub zu sorgen.

Bis vor einigen Jahren hatte die Frau im Kleid einen Roman mit dem Titel *Liebende* gelesen – und zwar immer wieder. Eines Tages hatte Miki angemerkt: »Wird ihr das nicht langweilig, wenn sie immer dasselbe Buch liest?«, und der Frau im Kleid ihr eigenes Bilderbuch hingelegt. Daraufhin hatte Kazu überlegt, ob sie ihr vielleicht mit einem anderen Roman eine Freude machen würde, und so hatte sie angefangen, für immer neuen Lesestoff zu sorgen.

Die Frau im weißen Kleid griff wie immer schweigend und ohne jede Regung nach dem Buch, schlug es auf und begann zu lesen, und aus Kazus Blick schwand alle Erwartung, so wie Sand in einem Stundenglas lautlos hinabrieselt.

Ding, dong.

Die Türglocke läutete, und das war nach Ladenschluss, wenn das »Geschlossen«-Schild draußen an der Tür hing, durchaus ungewöhnlich. Kazu machte sich allerdings keine Gedanken, wer das sein könnte. Sie ging gleichmütig zurück hinter die Theke und blickte zum Eingang. Ein gebräunter Mann vielleicht Ende dreißig betrat das Café. Über einem schwarzen T-Shirt mit V-Ausschnitt trug er ein dunkelbraunes Jackett. Seine Hose hatte eine ähnliche Farbe, und seine Schuhe waren schwarz. Er wirkte ein wenig schwermütig und blickte sich unschlüssig um.

»Hallo. Willkommen«, begrüßte ihn Kazu.

»Äh, wie es scheint, haben Sie schon geschlossen?«, fragte er zaghaft. Eigentlich war das offensichtlich.

»Es macht mir nichts aus«, erwiderte Kazu und bot ihm mit einer Handbewegung an, sich an die Theke zu setzen. Er schien erschöpft zu sein, und seine Bewegungen waren träge.

»Möchten Sie etwas trinken?«

»Ähm, nein …«

Kazu akzeptierte die Antwort, stellte ihm jedoch ein Glas Wasser hin.

»Äh …« Ihm schien plötzlich einzufallen, wie seltsam sein Benehmen wirken musste, und er schob erregt nach: »Entschuldigung. Wenn ich's mir überlege, hätte ich doch gern einen Kaffee, bitte.«

»Gerne«, erwiderte Kazu und verschwand in der Küche.

Der Mann stieß einen tiefen Seufzer aus und blickte sich im sepiafarben beleuchteten Café um. Er bemerkte die fahlen Lampen, den träge rotierenden Ventilator an der Decke, die großen Standuhren, die offenbar beliebige Zeiten anzeigten, und die Frau im weißen Kleid in der Ecke, die in einem Buch las.

Kazu kam zurück.

»Ähm … stimmt es, dass sie ein Geist ist?«, fragte der Mann unvermittelt.

»Ja«, antwortete sie nüchtern. Es kamen immer wieder Leute, die von der Legende erfahren hatten, aus reiner Neugierde ins Café. Für Kazu war eine derartige Unterhaltung inzwischen kaum mehr als Small Talk.

»Aha«, erwiderte der Mann, anscheinend nicht sehr interessiert.

Kazu machte sich vor ihm daran, den Kaffee zuzubereiten. Normalerweise benutzte sie dazu eine Siphonkanne. Das Besondere an dieser Methode ist, dass das kochende Wasser vom unteren Behälter unter heftigem Blubbern durch den Trichter in den oberen Behälter mit dem Kaffeepulver aufsteigt, wo sich der Kaffee sammelt, um dann wieder in den unteren Behälter zurückzufließen. Kazu schaute diesem Vorgang immer sehr gerne zu.

Aus irgendeinem Grund benutzte sie heute aber nicht die Siphonkanne, sondern holte den Kaffeefilter mit der passenden Kanne aus der Küche. Dann nahm sie die Kaffeemühle, offensichtlich wollte sie die Bohnen auf der Theke malen.

Das Kaffeekochen mit Filter war eigentlich Nagares Spezialität, Kazu fand diese Methode zu zeitaufwendig. Schweigend mahlte sie den Kaffee und goss den Filter auf. Rasch verbreitete sich der Kaffeeduft.

Schließlich stellte Kazu dem Mann den dampfenden Kaffee hin. »Entschuldigung, dass Sie warten mussten.«

Der schwieg beharrlich weiter und starrte nur auf die Tasse. Kazu machte sich daran, die Gerätschaften wieder zu säubern.

Das einzige Geräusch im Raum kam vom Umblättern der Seiten des Romans, den die Frau im Kleid las. Nach einer Weile griff der Mann nach der Tasse und schlürfte das Getränk, ohne dass sich an seiner düsteren Miene etwas änderte. Dann allerdings …

»Was für ein Kaffee!«, seufzte er leise. Seine feine Säure schien ihn zu überraschen.

Diese Kaffeesorte nannte sich Mokka, und ihre Bohnen kamen vor allem aus dem Jemen und aus Äthiopien. Sie zeichnete sich durch die Kombination aus einem angenehmen Aroma und einem säurebetonten Geschmack aus. Nagare war davon geradezu besessen, und deshalb wurden im Café lediglich Varietäten dieser Sorte angeboten. Der eigentümliche Geschmack von Kaffee, der nur aus Mokka- oder Kilimandscharo-Bohnen zubereitet wurde, konnte jemanden, der normalerweise keinen Kaffee trank, ziemlich überraschen.

»Das ist Mokka Harrar. Das war die Lieblingssorte von Kinuyo sensei.«

Der Mann erschrak sichtlich, als er das hörte, und blickte Kazu nahezu feindselig an.

Natürlich war es nicht der Name der Kaffeesorte, die ihn überraschte, sondern die Tatsache, dass diese Bedienung, die er nie zuvor getroffen hatte, Kinuyos Namen erwähnte.

Der Mann war der angehende Töpfer Yukio Mita, Kinuyos Sohn und Kyokos jüngerer Bruder. Er hatte dieses Café noch nie besucht, obwohl Kinuyo hier lange Zeit Stammgast gewesen war. Kyoko dagegen, die nur fünfzehn Autominuten entfernt wohnte, hatte angefangen, hier Kaffee zu kaufen, nachdem Kyoko ins Krankenhaus gekommen war. Nun blickte Yukio die Bedienung argwöhnisch an, was Kazu nicht im Geringsten überraschte. Dass sie ihn erwartet hatte, wurde zwar nicht ausgesprochen, war aber an ihrem stillen Lächeln unschwer abzulesen.

»Woher …«, sagte Yukio und kratzte sich am Kopf, »woher wissen Sie, dass ich ihr Sohn bin?« Das schien ihm zu schaffen zu machen, obwohl er seine Identität nicht absichtlich verschleiert hatte.

Kazu widmete sich inzwischen der Reinigung der Kaffeemühle.

»Ich wusste es einfach. Wegen der Ähnlichkeit.«

Yukio wusste nicht recht, wie er darauf reagieren sollte, und strich sich mit der Hand übers Gesicht. Offenbar war ihm das bislang noch nie gesagt worden, und er wirkte nicht besonders überzeugt.

»Das könnte ein Zufall sein, aber ich habe Kyoko heute

gesehen, und dabei haben wir auch über Sie gesprochen. So war es teilweise Intuition, ich dachte mir einfach, Sie könnten es sein …«

»Oh, ich verstehe.« Für einen Moment wandte Yukio den Blick ab.

»Erfreut, Sie kennenzulernen. Ich bin Yukio Mita.« Er stellte sich mit einem Nicken vor.

Kazu nickte ebenfalls leicht: »Angenehm – Kazu Tokita.«

»Mum hat Sie in ihren Briefen erwähnt. Sie hat auch von dem Gerücht um dieses Café geschrieben …«, murmelte Yukio und warf einen Blick hinüber zu der Frau im Kleid.

Er räusperte sich und stand auf.

»Ich würde gern in die Vergangenheit reisen, bitte. In die Zeit, als meine Mutter noch lebte«, erklärte er mit einem leichten Nicken.

Yukio war ein ernstes Kind gewesen, das bei einzelnen Tätigkeiten immer lange durchgehalten hatte. Wurde ihm etwas aufgetragen, dann gab er nicht auf, bis er es geschafft hatte, auch ganz ohne Aufsicht. Beim Putzdienst in der Grundschule beispielsweise hatte er weitergeputzt, selbst als alle anderen nur noch Unsinn machten.

Er war ein freundlicher Mensch und behandelte andere immer zuvorkommend. Da er sich während der Grundschule, der Junior High und der Highschool immer an die stillen Klassenkameraden hielt, fiel er als Schüler nie auf. Als Kind war er fade wie Raufasertapete.

Seine Offenbarung erlebte Yukio auf der Highschool, als er während einer Klassenfahrt nach Kioto die Aufgabe bekam, sich mit dem dort traditionellen Handwerk vertraut zu machen. Vor die Wahl gestellt, entschied er sich gegen Fächermacherei, Siegelherstellung oder Bambusarbeiten und wählte stattdessen Töpferei. Und obwohl er zum ersten Mal an einer Töpferscheibe saß, stellte sein Werkstück die der anderen Schüler weit in den Schatten, und es hieß, kein Schüler habe je so eine schöne Keramik getöpfert, er habe wirklich Talent! Das war das erste Mal überhaupt, dass Yukio für etwas gelobt wurde.

Nach dieser Reise keimte bei ihm der Wunsch auf, Töpfer zu werden, auch wenn er keine Ahnung hatte, wie er das bewerkstelligen sollte. Der Wunsch blieb jedoch bestehen, auch lange nach der Rückkehr aus Kioto.

Dann sah er eines Tages im Fernsehen einen Kunsttöpfer namens Yamagishi Katsura, der erklärte: »Ich töpfere jetzt seit vierzig Jahren, und endlich bin ich mit meinen Resultaten zufrieden.« Als Yukio dessen Stücke sah, war er tief bewegt. Dabei war er mit seinem bisherigen Leben eigentlich gar nicht unzufrieden gewesen – aber irgendwo tief aus seinem Herzen hörte er: Ich will einmal etwas arbeiten, das es wert ist, sein ganzes Leben darauf zu verwenden. Und Yamagishi Katsura war jemand, den Yukio bewundern und dem er nacheifern konnte.

Es gab zwei Möglichkeiten, professioneller Töpfer zu werden: Entweder ging man an eine Kunstuniversität oder Töpferschule, oder man machte eine Lehre in einer Töpferwerkstatt.

Yukio beschloss, bei Yamagishi Katsura als Lehrling anzufangen. Ihm hatte gefallen, was Katsura im Fernsehen gesagt hatte: »Um Spitzenklasse zu werden, muss man

Kontakt zur Spitzenklasse haben.« Als er aber seinem Vater Seiichi verkündete, er wolle das Töpfern zum Beruf machen, bekam er zu hören: »Von den tausendmal Zehntausenden von Menschen mit diesem Wunsch kann nur eine Handvoll wirklich Talentierter von ihrer Arbeit leben, und dieses Talent sehe ich bei dir nicht.«

Yukio gab nicht auf, aber ihm war klar, dass seine Eltern für die Universität oder eine Töpferschule Studiengebühren oder Schulgeld bezahlen müssten. Er wollte seinen Eltern mit der Verfolgung seiner Träume nicht zur Last fallen und entschied, das Töpferhandwerk zu erlernen, während er in einer Töpferwerkstatt lebte und arbeitete. Seiichi war dagegen, ließ sich aber schließlich von Kinuyo überzeugen, sodass Yukio gleich nach dem Schulabschluss nach Kioto zog. Die Werkstatt, die er auswählte, war natürlich die von Katsura.

Am Tag seiner Abreise verabschiedeten ihn Kinuyo und Kyoko vom Bahnsteig des Shinkansen. Kinuyo sagte: »Es ist nicht viel, aber …«, und reichte ihm ihr eigenes Sparbuch. Yukio wusste, dass Kinuyo über die Jahre fleißig gespart hatte und immer sagte: Eines Tages möchte ich mit eurem Vater eine Auslandsreise machen.

»Ich kann das nicht annehmen«, antwortete Yukio, aber davon wollte seine Mutter nichts wissen. »Nimm es. Das macht mir wirklich nichts aus.«

Die Glocke des Shinkansen läutete, und Yukio blieb nichts anderes übrig, als das Sparbuch mit einem kurzen Nicken anzunehmen; dann fuhr der Zug ab. Kyoko sagte: »Komm, Mum, wir gehen.« Aber Kinuyo blieb noch auf dem Bahnsteig und blickte dem immer kleiner werdenden Zug nach, bis er verschwunden war.

»Sie können die Gegenwart nicht verändern, während Sie in der Vergangenheit sind, so sehr Sie sich auch anstrengen, okay?«

Kazu hatte damit begonnen, diese Regel zu erläutern. Auf sie wies sie immer besonders hin, wenn jemand eine verstorbene Person treffen wollte. Ein Trauerfall traf die Menschen meistens unvermittelt, aber Yukio hatte den Verlust von Kinuyo besonders plötzlich verarbeiten müssen, da ihm niemand erzählt hatte, dass sie krank gewesen war. Kazus Worte indessen änderten nichts an seiner Miene.

»Ja, das weiß ich«, erwiderte er.

Kinuyos Krebserkrankung war im Frühling desselben Jahres entdeckt worden. Die Krankheit war schon fortgeschritten, und man sagte ihr, sie hätte nur noch sechs Monate zu leben. Drei Monate früher hätte man vielleicht noch etwas ausrichten können. Wenn also Yukio in der Vergangenheit dafür sorgen wollte, dass der Krebs früher erkannt wurde, dann änderte das wegen der Regel nichts an Kinuyos Tod.

Kazu vermutete, dass Yukio von Kinuyo einiges über das Café erfahren hatte, aber sie fragte: »Soll ich die Regeln dieses Cafés erklären?«

Yukio überlegte einen Moment. Dann antwortete er leise: »Ja, bitte.«

Kazu hörte mit dem Reinigen der Kaffeemühle auf und begann:

»Erstens können Sie in der Vergangenheit nur Menschen treffen, die schon einmal im Café gewesen sind.«

Yukio antwortete: »Okay.«

Wenn die betreffende Person das Café nur einmal besucht oder gar nur kurz hereingeschaut hatte, schwanden damit allerdings die Chancen für ein Zusammentreffen. Bei Stammgästen wie Kinuyo hingegen standen die Chancen sehr gut.

»Die zweite Regel habe ich schon erwähnt. Ganz egal, was Sie tun, Sie können keine Veränderung der Gegenwart bewirken.«

Auch hierzu hatte Yukio keine Fragen.

»Alles klar«, antwortete er umgehend.

»Das bringt uns zur dritten Regel. Um in die Vergangenheit zu reisen, müssen Sie auf diesem Platz dort sitzen …«

Kazu sah zu der Frau im weißen Kleid hinüber, und Yukio folgte ihrem Blick.

»Sie können dort Platz nehmen, wenn sie zur Toilette geht.«

»Und wann wird das sein?«

»Niemand weiß das … Aber sie tut es einmal am Tag.«

»Dann bleibt mir wohl nur übrig, zu warten?«

»Genau.«

»Ich verstehe«, bemerkte Yukio mit versteinertem Gesicht.

»Die vierte Regel besagt, dass Sie auf dem Stuhl sitzen bleiben und sich nicht von ihm wegbewegen dürfen, während Sie in der Vergangenheit sind. Sobald Sie sich erheben, werden Sie mit Gewalt in die Gegenwart zurückgeholt.«

»Nun die fünfte Regel. Ihre Zeit in der Vergangenheit dauert vom Eingießen des Kaffees bis zu dem Zeitpunkt, wenn er kalt ist.«

Kazu griff nach Yukios Glas, das er während ihrer Erklärungen geleert hatte. Er musste ziemlich durstig sein, denn er hatte immer wieder daraus getrunken.

Und die lästigen Regeln nahmen kein Ende.

Man hatte für die Reise in die Vergangenheit nur einen einzigen Versuch.

Allerdings konnte man Fotos machen.

Es war möglich, Geschenke zu übergeben und welche zu erhalten.

Es war nicht möglich, den Kaffee warm zu halten; egal, was man versuchte, er wurde trotzdem kalt.

In einem Zeitschriftenbeitrag über moderne Legenden wurde das Café gerühmt, weil man dort »in die Vergangenheit reisen konnte«, aber im Grunde konnte man ebenso gut in die Zukunft reisen. Nur wollte das praktisch niemand, denn man konnte zwar zu einem exakten Zeitpunkt reisen, allerdings nicht sicher sein, dort auch auf die betreffende Person zu stoßen. Denn natürlich wusste niemand, was in der Zukunft geschehen würde.

Kazu erklärte das jedoch nicht alles. Normalerweise beschränkt sie sich dabei auf fünf Regeln. Sie gab jedoch Antwort, wenn sie nach den anderen Punkten gefragt wurde.

Yukio trank einen Schluck aus seinem wieder aufgefüllten Glas. »Von meiner Mutter habe ich gehört, dass man zu einem Geist wird, wenn man den Kaffee nicht austrinkt, bevor er kalt ist. Stimmt das?«, fragte er und sah Kazu direkt in die Augen.

»Ja, das ist wahr«, antwortete Kazu nüchtern.

Kazu wandte den Blick ab und atmete tief durch. »Anders gesagt, stirbt man also … Meinen Sie das so?«, fragte er, als müsse er sich vergewissern.

Niemand hatte jemals nachgefragt, ob es gleichbedeutend mit dem Tod war, wenn man sich in einen Geist verwandelte.

Bislang hatte Kazu alle Fragen beantwortet, ohne dass sich ihr Gesichtsausdruck veränderte. Doch in diesem einen Augenblick geriet ihre Miene kurz ins Wanken, sie fasste sich jedoch schnell wieder.

»Ja, das ist korrekt«, erwiderte sie.

Yukio nickte und schien mit ihrer Antwort zufrieden zu sein. »Also gut, in Ordnung«, murmelte er, als hätte er verstanden.

Als sie den Rest der Regeln erläutert hatte, blickte Kazu zur Frau im Kleid hinüber. »Jetzt können Sie nur noch warten, bis sie ihren Platz verlässt. Wollen Sie das?«

Er zögerte keinen Moment. »Ja«, antwortete er und griff nach der Tasse. Der Kaffee musste längst kalt sein, aber er trank ihn in einem Zug aus. Kazu nahm die leere Tasse.

»Soll ich nachschenken?«, fragte sie.

»Nein, danke«, sagte er mit einer abwehrenden Handbewegung. Seine Geschmacksknospen sträubten sich gegen den Kaffee, den Kinuyo täglich für ihr Leben gern getrunken hatte.

Auf halbem Weg in die Küche, die leere Tasse in der Hand, blieb Kazu plötzlich stehen.

»Warum sind Sie eigentlich nicht zur Beerdigung gekommen?«, fragte sie mit dem Rücken zu ihm.

Yukio runzelte die Stirn. »Muss ich diese Frage beantworten?« Er klang ziemlich kurz angebunden.

»Nein«, entgegnete Kazu, ihre Miene unbewegt wie immer. »Es ist nur so, dass Kyoko glaubt, es wäre ihre Schuld, dass Sie nicht dort waren.« Sie nickte höflich und verschwand in der Küche

In Wirklichkeit hatte es nicht an Kyoko gelegen, dass Yukio nicht zur Beisetzung gekommen war. Er hatte durchaus mit sich gerungen, ob er nun hingehen sollte oder nicht, aber der eigentliche Grund war, dass er sich wegen seiner Schulden die Reise von Kioto nach Tokio nicht hatte leisten können.

Vor drei Jahren, als Yukio war noch in der Ausbildung war, war ihm finanzielle Unterstützung angeboten worden, wenn er eine eigene Werkstatt eröffnete, der Traum eines jeden ernsthaften Töpfers. Das Angebot stammte vom Eigentümer eines neuerdings in Kioto tätigen Großhandelsunternehmens, das bei dem Töpfer einkaufte, bei dem Yukio arbeitete.

In den siebzehn Jahren, seit er Tokio verlassen hatte, hatte er in einer Zehn-Quadratmeter-Wohnung ohne Bad gewohnt, um Geld zu sparen. Er verzichtete auf alle Annehmlichkeiten und lebte nur für seinen Traum.

Aber es war ihm wichtig, so bald wie möglich selbstständig zu werden und das Kinuyo mitteilen zu können. Mittlerweile war er Ende dreißig, und seine Ungeduld wuchs. Er nahm das Angebot an, nahm zusätzlich einen persönlichen Kredit auf, übergab das Geld zusammen mit seinen gesamten Ersparnissen dem Großhändler und machte sich daran, seine Werkstatt zu eröffnen. Aber die Sache ging schief, denn der Großhändler verschwand mit dem Geld. Nun hatte er nicht nur immer noch keine eigene Werkstatt, sondern saß auch noch auf einem Berg von Schulden.

Jeden Tag zermarterte er sich das Hirn wegen der Rückzahlungsraten, alles drehte sich nur noch um die Frage, woher er das Geld nehmen sollte. Mehr als einmal dachte er, ob es nicht besser wäre, tot zu sein. Allein der Gedanke, dass dann Kinuyo die Last der Schulden tragen müsste, hielt ihn vom Selbstmord ab.

So war es um Yukio bestellt, als er vor einem Monat von ihrem Tod erfuhr. Und in diesem Moment war ihm, als würde in seinem Kopf etwas zerreißen, das lange Zeit unter großer Spannung gestanden hatte.

Als Kazu fort war, zog Yukio sein Telefon aus der Jackentasche, prüfte den Bildschirm und seufzte ärgerlich.

»Kein Netz …«, murmelte er und blickte zur Frau im Kleid hinüber. Aber plötzlich leuchteten seine Augen auf, als sei ihm etwas eingefallen. Er stand auf, prüfte kurz, ob die Frau im Kleid nicht doch vielleicht gerade zur Toilette wollte, und verließ in aller Eile das Café.

Ding, dong.

Die Türglocke läutete, und kurz darauf …

Klapp!

Im ganzen Raum war zu hören, wie die Frau das Buch zuklappte. Vielleicht war Yukio nur kurz hinausgegangen, um jemanden anzurufen, aber der Zeitpunkt war denkbar ungünstig. Die Frau im Kleid klemmte ihren Roman unter den Arm, erhob sich lautlos von ihrem Platz und ging in Richtung Toilette.

Das Café hatte eine große hölzerne Eingangstür. Rechts davon lag die Toilette. Die Frau ging langsam durch den Bogen der Tür und wandte sich nach rechts.

Die Tür zur Toilette hatte sich gerade leise geschlossen, als Kazu von der Küche in den leeren Gastraum trat.

Yukio war nicht mehr da. Nagare hätte an ihrer Stelle nun fieberhaft nach ihm gesucht. Jetzt war die einzige Gelegenheit dieses Tages, in die Vergangenheit zu reisen. Aber es war eben Kazu, die hereinkam.

Sie blieb völlig gelassen, als wäre die Abwesenheit des Kunden belanglos. Sie machte sich daran, die leere Tasse der Frau im Kleid abzuräumen, und verhielt sich, als hätte Yukio nie existiert. Es schien sie nicht im Geringsten zu interessieren, weshalb er hinausgegangen war und ob er zurückkehrte. Sie wischte den Tisch mit einem Tuch ab und verschwand dann wieder in der Küche, um die Tasse zu spülen. Die Türglocke läutete.

Ding, dong.

Yukio kam wieder herein und ließ sich an der Theke nieder, den Rücken dem besonderen Stuhl zugekehrt. Er nahm einen Schluck Wasser und stieß einen tiefen Seufzer aus, ohne sich bewusst zu sein, dass die Frau im Kleid fort war.

Kazu kam mit einem silbernen Kessel und einer weißen Kaffeetasse auf einem Tablett aus der Küche. »Ich habe eben meine Schwester angerufen«, erklärte er, und seine Stimme klang nicht mehr so in die Enge getrieben wie zuvor.

»Ach, wirklich?«, entgegnete Kazu leise.

Als er zu ihr aufblickte, musste er schlucken. Sie schien von einem Kranz fahler blauer Flämmchen umgeben, und er nahm eine überirdische und rätselhafte Stimmung im Raum wahr.

»Der Stuhl ist frei«, sagte Kazu.

Nun erst bemerkte er, dass die Frau im Kleid gar nicht mehr da war.

Kazu ging zu dem freien Platz hinüber: »Wollen Sie sich nicht setzen?«

Yukio blickte für einen Moment abwesend vor sich hin und brachte dann mühsam hervor: »Ja, ich denke schon.«

Er ging hinüber, atmete noch einmal tief durch und schob sich dann zwischen Tisch und Stuhl.

Kazu stellte die weiße Tasse vor ihm hin.

»Ich werde nun den Kaffee einschenken«, sagte sie leise. In ihrer ruhigen Stimme lag eine düstere Feierlichkeit.

»Die Zeit, die Sie in der Vergangenheit verbringen können, beginnt, wenn die Tasse voll ist, und muss enden, bevor der Kaffee kalt ist.«

Obwohl sie ihm diese Regel zuvor erläutert hatte, reagierte Yukio nicht gleich. Doch dann schloss er die Augen, als wäre er tief in Gedanken versunken, und antwortete, mehr an sich selbst als an Kazu gerichtet: »Okay, ich verstehe.« Seine Stimme klang nun verändert, um eine Winzigkeit leiser.

Kazu nickte und nahm einen etwa zehn Zentimeter langen silbernen Gegenstand vom Tablett, der wie ein Rührstab aussah, und stellte ihn in die Tasse.

Yukio musterte ihn neugierig. »Was ist das?«, fragte er und neigte den Kopf zur Seite.

»Bitte benutzen Sie dies hier anstelle eines Löffels«, meinte sie nur.

Warum gibt sie mir nicht einfach einen Löffel?, fragte er sich. Aber er fürchtete, noch mehr wertvolle Zeit zu verlieren, wenn er ihre Erklärung anhörte.

»Okay, schon verstanden«, gab er zurück.

Kazu war mit ihren Erläuterungen nun fertig und fragte: »Wollen wir anfangen?«

»Ja«, antwortete Yukio, »bitte.«

Kazu nickte und hob den silbernen Kessel mit der rechten Hand langsam an.

»Bestellen Sie Kinuyo sensei bitte Grüße von mir«, sagte sie und fuhr fort ...

»Denken Sie daran, bevor der Kaffee kalt ist ...«

Und dann goss sie wie in Zeitlupe Kaffee in die Tasse. Ihre Bewegungen waren voller Anmut und flossen nahtlos ineinander wie bei einer Ballerina. Um sie herum war dabei eine Spannung zu spüren, als wäre eine feierliche Handlung im Gang. Aus der silbernen Kanne ergoss sich der Kaffee in einem sehr feinen Strahl, den man für eine schwarze Linie hätte halten können, lautlos in die strahlend weiße Tasse. Yukio starrte wie gebannt auf den Kontrast zwischen dem schwarzen Kaffee und der weißen Tasse, aus der nun wie ein feiner Faden Dampf aufstieg. In diesem Augenblick fing die Umgebung an zu schimmern und feine Wellen zu schlagen.

Entsetzt versuchte er, sich die Augen zu reiben, aber das war nicht möglich. Er hob zwar die Hände ans Gesicht, und sie fühlten sich auch wie Hände an, aber nun bestanden sie aus Dampf. Und das galt nicht nur für seine Hände, sondern auch für seinen Körper, seine Beine – alles.

Was geschieht hier?

Zuerst war er schockiert, aber als er an das dachte, was folgen würde, schien das für ihn alles keine Rolle mehr zu spielen. Er schloss die Augen, während alles um ihn herum nach unten zu strömen begann.

Yukio musste an Kinuyo denken.

Als Kind war er dreimal dem Tod sehr nahegekommen. Und immer war Kinuyo bei ihm gewesen.

Beim ersten Mal war er gerade zwei Jahre alt und bekam eine Lungenentzündung mit fast vierzig Grad Fieber und einem hartnäckigen Husten. Heute kommt man über eine Lungenentzündung leicht hinweg. Man weiß inzwischen, dass Lungenentzündungen bei kleinen Kindern durch Bakterien, Viren oder Mykoplasma ausgelöst werden, und für alle diese Fälle gibt es passende Behandlungsmethoden. Das war damals anders, und als das Fieber hoch blieb und der schwere Husten nicht nachließ, hieß es nur: »Hoffen wir das Beste, aber wir müssen auf das Schlimmste gefasst sein.«

Beim zweiten Mal wäre Yukio beinahe ertrunken. Im Alter von sieben Jahren spielte er am Flussufer. Wie durch ein Wunder konnte er wiederbelebt werden, obwohl Atmung und Herz ausgesetzt hatten. Die Frau, die dabei war – das Unglück war in einem unbeobachteten Augenblick geschehen –, hatte glücklicherweise bei der örtlichen Rettungswache gearbeitet und wusste, wie eine Reanimation durchzuführen ist.

Das dritte Mal war es ein Unfall im Straßenverkehr gewesen. Yukio fuhr sein nagelneues Rad, als er von einem Auto erfasst wurde, dessen Fahrer eine Ampel nicht beachtet hatte. Durch den Aufprall wurde er praktisch vor Kinuyos Augen zehn Meter weit durch die Luft geschleudert und musste mit einer Vielzahl von Verletzungen im Rettungswagen abtransportiert werden. Sein Leben stand auf der Kippe, aber glücklicherweise war sein Kopf nicht verletzt, und er erlangte wieder das Bewusstsein.

Eltern können nicht immer verhindern, dass ihr Kind erkrankt, verletzt wird oder einen Unfall hat. Alle drei Male pflegte ihn Kinuyo, ohne selbst zu schlafen oder sich auszuruhen, bis er genesen war. Dabei gestattete sie sich nur Toilettenpausen, blieb an seiner Seite und hielt seine Hand in ihren Händen, als würde sie beten. Ihr Ehemann und ihre Eltern fürchteten, sie würde sich völlig verausgaben, und drängten sie, sich auszuruhen, aber davon wollte sie nichts wissen. Die Liebe von Eltern zu ihrem Kind kennt keine Grenzen. Und ihre Kinder bleiben Kinder, egal, wie alt sie sind. Für Kinuyo änderte sich nie etwas daran, auch nicht, als Yukio fortzog, um ein berühmter Töpfer zu werden.

Es war ihm gelungen, bei dem berühmten Töpfer Lehrling zu werden. Er erhielt dort Kost und Logis, wurde darüber hinaus aber nicht bezahlt. Er verdiente sich deshalb in einem Lebensmittelgeschäft oder in einer Izakaya-Bar etwas dazu. In seinen Zwanzigern kam er mit diesem Lebensstil gut zurecht, aber ab dreißig wurde es körperlich immer schwieriger. Inzwischen erhielt er von der Töpferwerkstatt zwar einen geringen Lohn, aber da er sich nicht ewig das Zimmer mit jemandem teilen wollte, nahm er sich eine Wohnung, was das Leben sofort sehr viel schwieriger machte.

Trotz allem schaffte er es, für seine künftige eigene Werkstatt stetig kleine Summen beiseitezulegen. Und um seine Mahlzeiten etwas aufzubessern, schickte ihm Kinuyo gelegentlich Pakete mit Schnellgerichten und dazu immer einen Brief.

In manchen Wochen blieben ihm nur zehntausend Yen zum Leben. Seine Altersgenossen hatten inzwischen alle anständige Jobs und taten, was Erwachsene so tun – sich verlieben oder neue Autos kaufen. Yukio dagegen stand rußgeschwärzt vor seinem rauchenden Brennofen, knetete Ton und träumte von dem Tag, an dem er ein anerkannter Töpfer mit seiner eigenen Werkstatt sein würde.

Oft zweifelte er an seinem Talent und war nahe daran aufzugeben. Er war nun Mitte dreißig und konnte sich nicht vorstellen, so weiterzuleben. Wenn er richtige Arbeit finden wollte, musste er die Sache eher früher als später aufgeben – wenn er erst einmal vierzig war, würde ihn keine Firma mehr einstellen. Selbst jetzt würde es schon schwierig sein. Wie lange konnte er noch so weitermachen?

Wie lange würde er brauchen, bis er mit seiner eigenen Werkstatt erfolgreich sein würde? Diese Ungewissheit machte ihm sehr zu schaffen. Trotzdem klammerte er sich an die Hoffnung, doch noch seinen Traum zu erfüllen und seine Mutter stolz zu machen. Solange da jemand war, der sich einmal an seinem Erfolg erfreuen würde, genügte ihm das. Selbst wenn er von der Gesellschaft verspottet und verlacht wurde, wusste er zumindest, dass Kinuyo an ihn glaubte.

Aber … nicht einmal in seinen schlimmsten Albträumen hatte er sich vorstellen können, auch noch um seinen letzten Penny betrogen zu werden. Die Nachricht von Kinuyos Tod erreichte ihn genau an diesem Tiefpunkt – als er Zuspruch am meisten nötig gehabt hätte – und stürzte ihn in tiefe Verzweiflung. Warum grausamerweise gerade zu diesem Zeitpunkt? Wofür hatte er sich all die Jahre so angestrengt? In Maurice Maeterlincks *Der blaue Vogel* wurde eine ganz ähnliche Geschichte erzählt. Die Kinder Tyltyl und Mytyl begegneten im »Königreich der Zukunft« einem Kind, dem es bestimmt war, nichts als drei Krankheiten in diese Welt zu bringen. Es sollte bald nach der Geburt sowohl an Scharlach, Keuchhusten als auch Masern erkranken und daran sterben. Yukio wusste noch gut, wie traurig er als Kind beim Lesen der Geschichte gewesen war. Wenn sich ein solches Schicksal nicht abwenden ließ, wie ungerecht war doch das Leben! Wenn man an einem unverschuldet erlittenen Geschick nichts ändern konnte, was für einen Sinn hatte es dann, zu leben?

Als Yukio wieder zu Bewusstsein kam, waren seine Augen voller Tränen, aber das wurde ihm erst klar, als er jene abwischte, die ihm über die Wangen liefen. Seine Hände, eben noch Dampf, hatten ihre Körperlichkeit wiedererlangt, und die an ihm vorbeihuschende Umgebung stand nun wieder still.

Surr, surr-surr …

Er hörte, wie Kaffee gemahlen wurde, und blickte hinüber zur Theke. Der sich träge drehende Deckenventilator, die Schirmlampen, die großen Standuhren – nichts hatte sich in der kurzen Zeitspanne verändert. Aber hinter der Theke stand nun jemand anderes. Yukio hatte diesen Riesen mit den mandelförmigen Augen, der dort die Mühle bediente, noch nie gesehen. Ansonsten war niemand im Raum. Sofort beschlichen ihn Zweifel.

Bin ich wirklich in der Vergangenheit angekommen?

Ihm fiel nicht ein, wie er das überprüfen konnte. Die Bedienung Kazu war nicht mehr hier, das schon, und den Riesen an der Theke kannte er nicht. Sein Körper war zu Dampf geworden, und die Umgebung war an ihm vorbeigehuscht. Aber das allein überzeugte ihn noch nicht davon, dass er tatsächlich in der Zeit zurückgereist war.

Der Mann stand völlig gelassen hinter der Theke und mahlte seinen Kaffee. Obwohl er Yukio, der plötzlich auf diesem Platz aufgetaucht war, nicht kannte, benahm er sich, als wäre alles ganz normal. Der Mann schien überhaupt nicht an ihm interessiert zu sein, und eigentlich war das Yukio ganz recht. Er war ja nicht hergekommen, um einen Haufen Fragen zu beantworten. Allerdings wollte er wissen, ob er wie gewünscht an einem Zeitpunkt angelangt war, als Kinuyo noch lebte. Kyoko hatte gesagt, sie sei im Frühling, sechs Monate zuvor, ins Krankenhaus gekommen. Vielleicht konnte er ja nach dem Monat und dem Jahr fragen.

»Äh …«, stammelte er, wurde aber gleich wieder unterbrochen …

Ding, dong.

»Hallo.«

Durch den Zuschnitt des Kaffeeraums wusste man nach dem Läuten der Türglocke nicht gleich, wer hereinkam. Diese Stimme allerdings erkannte Yukio sofort.

Mum …

Er hatte den Blick schon einige Augenblicke lang auf den Eingang bei der Kasse gerichtet, als er Kinuyo hereinhumpeln sah. Sie stützte sich auf die Schulter von Yohsuke.

»Ah …«

Als Yukio seine Mutter erblickte, wandte er den Kopf ab, damit sie ihn nicht erkannte. Er biss sich auf die Lippe.

Ist das jetzt der Zeitpunkt, kurz bevor sie ins Krankenhaus kam?

Gesehen hatte er Kinuyo zum letzten Mal vor fünf Jahren. Damals war sie noch gesund gewesen, hatte sich beim Gehen nicht bei jemandem aufstützen müssen. Nun war sie erschreckend gealtert. Ihre Augen waren tief eingesunken, das Haar schneeweiß. Auf ihrer Hand, die Yohsuke hielt, traten die Adern deutlich hervor, und die Finger wirkten wie dünne Stöckchen. Sie war von ihrer Krankheit deutlich gezeichnet.

Sie ist so hinfällig! Ich hatte ja keine Ahnung …

Sein Gesicht war erstarrt, und er war unfähig, aufzusehen.

Yohsuke erkannte ihn als Erster.

»Grandma …«

Yohsuke sprach leise in Kinuyos Ohr und half ihr, sich zu Yukio umzudrehen. Yohsuke, Grandmas lieber Junge, war gewissermaßen zu ihren Händen und Füßen geworden und half ihr in ihrer Gebrechlichkeit.

Als sie erkannte, dass es Yukio war, auf den ihn Yohsuke aufmerksam machte, weiteten sich ihre Augen.

»Du meine Güte …«, sagte sie leise.

Als Yukio sie hörte, blickte er endlich auf.

»Gut siehst du aus!«, bemerkte er.

»Was gibt's? Warum bist du hier?«

Kinuyo war offensichtlich überrascht, dass er hier im Café auftauchte, aber ihre Augen leuchteten vor Freude.

»Ja, da ist eine Kleinigkeit …«, antwortete er und erwiderte das Lächeln.

Kinuyo flüsterte Yohsuke »Danke sehr« ins Ohr und ging ohne seine Hilfe zu Yukios Tisch hinüber.

»Nagare, für mich bitte einen Kaffee. Ich trinke in hier drüben«, bat sie höflich.

»Ein Kaffee, sehr gern«, antwortete Nagare. Noch vor ihrer Bestellung hatte er das eben frisch gemahlene Pulver in den Filter gegeben. Nun musste er nur noch dampfend heißes Wasser aufgießen, und der Kaffee war fertig.

Da Kinuyo immer zur gleichen Zeit ins Café kam, hatte er die Bohnen passend zu ihrem Eintreffen gemahlen. Yohsuke ließ sich Nagare gegenüber auf einen Hocker an der Theke fallen.

»Und was darf's für den jungen Yohsuke sein?«

»Orangensaft.«

Nagare nahm den Kessel, goss Wasser über das Kaffeepulver, und sogleich verbreitete sich aromatischer Kaffeeduft im ganzen Café. Kinuyos freudiger Miene war anzusehen, wie sehr sie diesen Moment liebte. Vorsichtig ließ sie sich Yukio gegenüber auf einem Stuhl nieder.

Kinuyo war seit Jahrzehnten hier Stammgast. Deshalb war sie natürlich mit den Regeln vertraut. Und es musste ihr ohne weitere Erklärung klar sein, dass Yukio aus der Zukunft gekommen sein musste. Allerdings wollte er ihr unter keinen Umständen verraten, weshalb er da war.

Ich bin gekommen, um meine tote Mutter zu sehen …

Es war gar nicht nötig, dies auszusprechen. Aber irgendetwas musste er sagen.

»Es sieht aus, als hättest du etwas abgenommen.«

Er bereute seine Worte, kaum dass sie ihm über die Lippen gekommen waren.

Er wusste nicht, ob sie die Krebsdiagnose schon erhalten hatte, aber die Einweisung ins Krankenhaus stand offenbar bevor – kein Wunder also, dass sie dünn war. Eigentlich hatte er unter allen Umständen vermeiden wollen, das Gespräch auf ihre Erkrankung zu bringen. In seinen geballten Fäusten sammelte sich der Schweiß.

Kinuyo erwiderte nur: »Ach, wirklich? So etwas hört man gern.« Sie legte ihre Hände an die Wangen und schien sich zu freuen. Angesichts ihrer Reaktion dachte er: Vielleicht weiß sie ja noch gar nicht, dass sie Krebs hat.

Manchmal erfuhren die Leute so etwas ja erst im Krankenhaus. Und falls sie tatsächlich nichts von ihrer Krankheit wusste, war ihre Reaktion völlig natürlich. Yukio war erleichtert darüber.

Er entspannte sich ein bisschen. Er gab sich größte Mühe, die Unterhaltung natürlich und normal zu führen.

»Tatsächlich? Du freust dich, dass ich das sage, sogar jetzt?« Er lachte wegwerfend. Kinuyos Ausdruck war allerdings ernst geworden.

»Ja, wirklich«, erwiderte sie. »Aber du siehst auch ziemlich dünn aus.«

»Ach, findest du?«

»Isst du denn auch ordentlich?«

»Aber ja, natürlich. In letzter Zeit koche ich sogar selbst.«

Seit der Nachricht von ihrem Tod hatte er keine einzige ordentliche Mahlzeit zu sich genommen.

»Ach ja?«

»Ja, glaub mir, Mum. Ich habe aufgehört, immer nur Fertignudeln zu essen.«

»Und wie ist es mit der Wäsche?«

»Kein Problem, ich wasche meine Kleidung.«

Seit fast einem Monat hatte er dieselben Sachen an.

»Ganz egal, wie müde du bist, du musst immer dafür sorgen, dass du auf einem Futon schläfst.«

»Na klar, das weiß ich doch.«

Den Mietvertrag für seine Wohnung hatte er bereits gekündigt.

»Und wenn du in Geldschwierigkeiten bist, borge dir nichts von irgendwelchen Leuten. Lass es mich einfach wissen, okay? Ich habe zwar nicht viel, aber ein bisschen kann ich schon helfen.«

»Geld ist kein Problem.«

Erst gestern hatte er Privatinsolvenz angemeldet. So konnten seine Schulden auf keinen Fall Kinuyo und Kyoko aufgebürdet werden.

Yukio wollte nur Kinuyos Gesicht noch ein letztes Mal sehen.

Hätte er etwas an der Realität der Gegenwart ändern können, dann wäre ihm wahrscheinlich ein anderes Ende lieber gewesen. Er hätte alles in seiner Macht Stehende unternommen, damit seine Mutter, die hier vor ihm saß, im Krankenhaus die bestmögliche Behandlung erhielt. Er hätte dem großen Mann hinter der Theke, den er nicht kannte, die Sachlage erklärt und ihn darum gebeten, etwas zu unternehmen.

Aber all diese Wünsche ließen sich nicht erfüllen. Yukios Leben hatte jegliche Bedeutung verloren. Für ihn zählte nur noch, Kinuyo nicht auch noch das Herz zu brechen. Das Schicksal hatte ihn zwar mit einem Leben voller Entbehrungen gestraft, aber dieses eine machtvolle Gefühl trieb ihn immer noch an. Er hatte gelobt, nicht zu sterben, solange seine Mutter noch am Leben war.

Aber in der Gegenwart existierte Kinuyo schon nicht mehr.

Sein Gesicht strahlte Frieden aus, als er ihr sagte:

»Ich bin jetzt in der Lage, meine eigene Werkstatt zu eröffnen. Ich mache mich als Töpfer selbstständig.«

»Wirklich?«

»Ja, das ist wahr.«

»Wie schön!«

Kinuyo kamen die Tränen.

»He, das ist doch kein Grund zu weinen«, meinte er und reichte ihr eine Papierserviette.

»Es ist nur …« Ihr fehlten die Worte.

Er schaute ihr ins Gesicht und zog in aller Ruhe etwas aus seiner Jackentasche.

»Ach, übrigens, hier …«, sagte er und legte es vor sie hin. Es war das Sparbuch, das sie ihm einst bei seinem Aufbruch nach Kioto gegeben hatte.

»Ich dachte, ich würde es vielleicht brauchen, wenn es hart auf hart kommt, aber am Ende habe ich es doch nicht benutzt.«

Und waren die Zeiten noch so schwer gewesen – er hatte es nie übers Herz gebracht, ihr Geld anzurühren. Es war immer mit den Wünschen seiner Mutter verbunden gewesen, die damals beim Abschied an ihn geglaubt und nie an seinem Erfolg gezweifelt hatte. Und er hatte immer vorgehabt, es ihr zurückgegeben, wenn er als Töpfer Erfolg hatte.

»Aber dieses Geld …«

»Nein, ist schon okay. Das Wissen darum hat mir aber über schwierige Phasen hinweggeholfen. Es gab mir Zuversicht weiterzumachen. Und ich habe immer gekämpft, um es dir eines Tages zurückzugeben, Mum.« Das war nicht gelogen. »Bitte, ich möchte, dass du es nimmst.«

»Oh, Yukio …«

»Ich danke dir.« Er nickte ergeben.

Kinuyo nahm das Sparbuch und presste es an ihre Brust.

Damit ist die letzte Bürde fort. Jetzt brauche ich nur noch zu warten, bis der Kaffee kalt ist.

Yukio hatte nie vorgehabt, in die Gegenwart zurückzukehren.

Seit der Mitteilung über Kinuyos Tod hatte er nur noch an diesen Moment gedacht. Einfach so sterben, das konnte er nicht. Denn wenn er Schulden hinterließ, würden diese seine Familie belasten.

Den ganzen letzten Monat über hatte er fieberhaft seine Privatinsolvenz in die Wege geleitet. Und da er nicht einmal Geld für die Bus- oder Zugfahrkarte zur Beerdigung hatte, schuftete er Tag für Tag als Hilfsarbeiter, bis er genug für einen Anwalt und die Reise zum Café beisammen hatte. Alles nur für diesen Moment.

Und nun war ihm mit einem Mal, als hätten sich alle Bande, die ihn zusammengehalten hatten, gelöst, und er fühlte sich, als sei seine gänzliche Kraft aus ihm gewichen. Bestimmt spielte dabei auch eine Rolle, dass er den ganzen vergangenen Monat nicht richtig geschlafen hatte. Seine Erschöpfung hatte eine Grenze erreicht. Nun würde alles zum Ende kommen.

Endlich.

Er war zufrieden …

Ab jetzt wird alles viel einfacher.

… und fühlte sich wie befreit.

Als plötzlich …

Piep-piep-piep-piep piep-piep-piep-piep.

Aus seiner Tasse ertönte ein leiser Alarmton.

Den Zweck des Alarms kannte er nicht, aber als er ihn hörte, fielen ihm Kazus Worte ein. Er zog den piepsenden Rührstab aus der Tasse.

»Genau, das erinnert mich daran, dass die Bedienung sagte, ich soll dir Grüße von ihr bestellen.« So hatte es ihm Kazu aufgetragen.

»Meinst du Kazu?«

»Ähm, ja.«

»Oh …«

Kinuyos Blick verdüsterte sich für einen Moment. Aber dann schloss sie die Augen, atmete tief durch und blickte Yukio sofort wieder lächelnd an.

»Äh, Kinuyo …«, rief Nagare von hinter der Theke.

Kinuyo blickte zu ihm herüber. Sie lächelte übers ganze Gesicht und sagte nur: »Ich weiß.«

Yukio war verwirrt über diesen Austausch; er griff nach der Tasse und trank einen Schluck.

»Hmm, der ist wirklich gut«, log er. Die intensive säuerliche Note des Kaffees war ganz und gar nicht nach seinem Geschmack.

Kinuyo blickte ihn gütig an. »Sie ist so ein freundliches Mädchen, nicht wahr?«

»Hä? Wer?«

»Kazu, du Dummerchen.«

»Kazu? Oh ja, natürlich.«

Wieder log Yukio. In seinem Kopf war kein Platz, um sich über Kazus Persönlichkeit Gedanken zu machen.

»Sie sieht die wahren Gefühle der Menschen. Und immer ist sie mit ihren Gedanken bei der Person, die auf diesem Stuhl sitzt.«

Yukio hatte keine Ahnung, was Kinuyo ihm damit sagen wollte. Aber da er vorhatte, so lange sitzen zu bleiben, bis der Kaffee kalt war, spielte es keine Rolle, worüber sie sprachen.

»Vor dir saß eine Frau in einem weißen Kleid auf diesem Stuhl, richtig?«

»Eine Frau? Ach ja, genau, das stimmt.«

»Sie reiste in die Vergangenheit, um ihren verstorbenen Ehemann noch einmal zu sehen, aber sie kam nie zurück.«

»Ach, wirklich?«

»Niemand weiß, wie die Begegnung der beiden verlief. Aber keiner hatte erwartet, dass sie nicht zurückkehren würde.«

Yukio bemerkte, dass Nagare hinter der Theke den Kopf hängen ließ.

»Es war Kazu gewesen, die ihr den Kaffee einschenkte. Sie war eben erst sieben geworden.«

»Ach, tatsächlich«, murmelte Yukio, nicht sonderlich interessiert. Er verstand nicht, warum Kinuyo ihm jetzt ausgerechnet das erzählen wollte.

Bei seiner Antwort wurde ihr Gesicht ganz ernst.

»Wenn man sich vorstellt, die eigene Mutter, ausgerechnet!«, bemerkte sie und klang noch ernster.

»Hä?«

»Die Frau, die nicht zurückkehrte, war Kazus Mutter!«

Die Veränderung seiner Gesichtsfarbe verriet, dass ihre Worte bei ihm nun Wirkung zeigten.

Für so ein kleines, immer noch auf die Liebe seiner Mutter angewiesenes Mädchen war das wirklich eine grausame Wendung des Schicksals gewesen. Schon die bloße Vorstellung war schmerzlich. Yukio verspürte nun durchaus Mitgefühl, aber es bewog ihn nicht dazu, wieder in die Zukunft zurückkehren zu wollen.

Er fragte sich, ob diese Unterhaltung und der Rührstab wohl irgendwie miteinander verbunden waren.

Und er fing an, diese Frage in aller Nüchternheit zu betrachten.

Kinuyo indessen nahm den Rührstab von der Untertasse.

»Seit diesem Tag steckt Kazu dieses Ding in die Tasse, wann immer jemand zu einem Verstorbenen zurückreist«, erklärte sie und wedelte mit dem kleinen Gerät. »Es piepst, bevor der Kaffee kalt ist.«

»Oh.«

Yukio erbleichte.

Aber dann bedeutete das ...

»Deshalb hat mir Kazu Grüße bestellt.«

Und damit hat sie Mum im Grunde gesagt, dass sie sterben wird.

»Was? Warum hat sie das getan? Mit welchem Recht tut sie so etwas? Und wie musst du dich dadurch fühlen?«

Yukio konnte nicht verstehen, warum Kazu so gehandelt hatte.

Die Sache ging sie überhaupt nichts an!

Yukio war der Ärger anzusehen.

Kinuyo dagegen blieb völlig gelassen.

»Kazu hat Folgendes getan ...«, erklärte sie leise und mit einem seligen Lächeln, das Yukio noch nie erlebt hatte – jedenfalls waren ihr keinerlei Angst oder andere Gefühle anzusehen, die man hätte erwarten können, wo sie durch Kazus Botschaft doch von ihrem bevorstehenden Tod erfahren hatte. »Sie hat mir eine letzte Aufgabe übertragen: eine, die nur ich erfüllen kann.«

Yukio erinnerte sich noch daran, wie Kinuyo von den Zeiten erzählt hatte, als er fast gestorben wäre, und dann immer mit Tränen in den Augen sagte: »Und ich habe nichts für dich tun können.« Ob es nun um die Krankheit oder den Unfall ging – sie konnte einfach nicht vergessen, wie qualvoll es gewesen war, nur hilflos abwarten zu können.

»Es ist Zeit, dass du in die Zukunft zurückkehrst«, sagte Kinuyo liebevoll und lächelte.

»Nein, ich will das nicht.«

»Tu es für mich. Ich glaube an dich.«

»Nein.« Yukio schüttelte theatralisch den Kopf.

Kinuyo hielt sich das Sparbuch an die Stirn.

»Das hier werde ich behalten. Es ist mit deinen Wünschen verbunden. Ich werde es, ohne es zu benutzen, mit ins Grab nehmen«, sagte sie mit einer tiefen Verbeugung.

»Mum …«

Kinuyo hob den Kopf und lächelte Yukio freundlich an.

»Wenn man ein Kind hat, dann gibt es nichts Schlimmeres, als dass man dieses Kind, wenn es sterben möchte, nicht retten kann.«

Yukios Lippen fingen an zu zittern.

»Entschuldigung.«

»Das ist schon okay.«

»Vergib mir.«

»Aber jetzt …«, sagte sie und schob die Kaffeetasse ein Stückchen in seine Richtung. »Würdest du Kazu meinen Dank ausrichten?«

Er versuchte Okay zu sagen, brachte aber kein Wort heraus. Er schluckte und griff mit zitternden Händen nach der Tasse. Er hob die Hand und sah verschwommen, wie Kinuyo ihn anstrahlte und ebenfalls weinte.

Mein lieber Junge …

Ihre Stimme war zu leise, als dass er das hätte hören können, aber so hatte sie es geflüstert. Als spräche sie mit einem Neugeborenen.

Für die Eltern bleibt ein Kind immer ein Kind. Und Kinuyo erwartete nichts von ihm; sie wollte als Mutter einfach nur, dass ihr Kind glücklich war, immer glücklich war, und sie wollte es mit Liebe überschütten.

Yukio hatte gedacht, wenn er erst tot sei, wäre alles vorbei. Er dachte, das würde Kinuyo nicht betreffen, weil sie ja bereits tot war. Aber er hatte sich geirrt. Selbst nach ihrem Tod war sie immer noch seine Mutter. Diese Gefühle veränderten sich nicht.

Ich hätte meine tote Mutter sehr traurig gemacht.

Yukio kippte den Kaffee hinunter. Das säuerliche Aroma des Mokkas erfüllte seinen Mund. Wieder machte sich leichter Schwindel bemerkbar, und sein Körper verwandelte sich in Dampf.

»Mum!«, rief er.

Er wusste nicht, ob sein Ruf Kinuyo überhaupt noch erreichte. Aber sie hatte ihn deutlich verstanden.

»Danke, dass du gekommen bist, um mich zu sehen.«

Schon begann die Umgebung an Yukio vorbeizuströmen. Die Zeit lief wieder von der Vergangenheit in Richtung Zukunft.

Wenn der Alarm nicht ertönt wäre … und ich gewartet hätte, bis der Kaffee kalt ist, dann hätte ich Mum ganz zuletzt doch noch das Herz gebrochen …

Er träumte davon, ein Töpfer mit einer eigenen Werkstatt zu werden. Viele Jahre lang hatte er ohne jede Anerkennung durchgehalten, als Geisel seiner eigenen Träume. Dann hatte man ihn betrogen, er war in tiefe Verzweiflung gestürzt und hatte nicht erkennen können, weshalb er so mit seinem Leben haderte. Und dann hätte er seiner Mutter beinahe noch größeres Leid zugefügt, als es ihm selbst widerfahren war.

Also gut, ich werde leben … … ganz egal was geschieht … …

Ich werde leben für meine Mutter, die nie aufgehört hat, mir ein glückliches Leben zu wünschen, bis zu ihrem Ende …

Yukio verlor allmählich das Bewusstsein, während er durch die Zeit transportiert wurde.

Als er zu sich kam, war Kazu die einzige andere Person im Café. Er war in die Gegenwart zurückgekehrt. Wenige Sekunden später kehrte die Frau im Kleid von der Toilette zurück. Lautlos schob sie sich dicht an ihn heran, blickte mürrisch auf ihn herab und blaffte:

»Weg da!«

Er schniefte noch immer, als er den Platz für sie frei machte. Sie setzte sich ohne ein weiteres Wort hin, schob Yukios Tasse weg, schlug ihr Buch auf und las weiter, als wäre nichts geschehen.

Das ganze Café scheint zu leuchten.

Yukio wurde von einem rätselhaften Gefühl ergriffen. Eigentlich war es im Café gar nicht heller geworden. Und doch kam ihm alles nun frisch vor. Seine Verzweiflung am Leben hatte sich in Hoffnung verwandelt. Seine Einstellung hatte sich komplett verändert.

Nicht die Welt hat sich verändert, sondern ich …

Nachdenklich starrte er die Frau im Kleid an und fragte sich, was er da gerade erlebt hatte.

»Kazu!«, rief er die Bedienung, die ihm gerade den Rücken zukehrte. »Ich soll von meiner Mutter einen Dank ausrichten.«

»Oh, wirklich?«

»Genau, und ich möchte mich auch bedanken …«

Mit diesen Worten machte er eine tiefe Verbeugung. Kazu ging mit seiner Tasse in die Küche, um sie abzuwaschen. Als sie fort war, zog er bedächtig das Taschentuch hervor, wischte sich die Tränen ab und schnäuzte sich.

»Was macht das?«, rief er Kazu zu. Sie erschien prompt und las lautstark die Beträge von der Registrierkasse ab.

»Ein Kaffee plus der Zuschlag nach Ladenschluss. Das macht vierhundertzwanzig Yen, bitte«, erwiderte sie, tippte in die klobigen Tasten und ließ sich dabei keinerlei Rührung anmerken. Die Frau im Kleid las indessen in ihrem Roman, als wäre nichts geschehen.

»Also gut … hier bitte.«

Er reichte Kazu einen Tausend-Yen-Schein.

»Warum haben Sie mir das mit dem Alarm nicht erklärt?«, fragte er.

Kazu nahm sein Geld und tippte noch einmal auf die Tasten.

»Oh, tut mir leid, ich muss vergessen haben, das zu erwähnen«, antwortete sie mit gleichgültiger Miene und einer kleinen Verbeugung. Yukio lächelte und schien wirklich glücklich zu sein.

Lin-lin lin-lin li – n-lin …

Irgendwo hörte man eine Singgrille zirpen.

Vom Grillengesang inspiriert, sagte Yukio, als ihm Kazu das Wechselgeld in die Hand drückte: »Kazu … Mum hat gesagt, sie hofft, dass auch Sie Ihr Glück finden.« Damit verließ er das Café.

Es war nicht das, was ihm Kinuyo aufgetragen hatte. Aber in Anbetracht von Kazus Lebensumständen konnte er sich gut vorstellen, dass sie so etwas gesagt hätte.

Ding, dong.

Yukio war fort, und Kazu und die Frau im weißen Kleid waren nun allein. Der Klang der Glocke hallte immer noch leise nach. Kazu nahm ein Tuch und wischte die Theke sauber.

»Zirpen, die ganze lange Herbstnacht.
Oh, wie schön, diese Insektensymphonie zu hören!«

Kazu sang leise vor sich hin, und wie zur Antwort, lin-lin li – n-lin, zirpte die Singgrille.

Die stille Herbstnacht nahm langsam ihren Lauf …

DAS LIEBESPAAR

Auf besagtem Stuhl saß ein Mann aus der Vergangenheit.

Man konnte in dem Café nicht nur in der Zeit zurückreisen, man konnte auch die Zukunft besuchen. Verglichen mit der Zahl der Menschen, die in die Vergangenheit zurückkehren wollen, entscheidet sich allerdings kaum jemand für die Zukunft. Warum nicht? Nun, in der Vergangenheit kann man gezielt mit der gewünschten Person zusammentreffen, in der Zukunft ist das schlicht unmöglich. Die Aussicht, im Café zu einer bestimmten Zeit in der Zukunft eine bestimmte Person zu treffen, ist ungewiss.

Zum Beispiel kann, selbst wenn man ein genaues Datum vereinbart, alles Mögliche verhindern, dass die Person an diesem Tag ins Café kommt. Vielleicht hat bloß ihr Zug Verspätung. Oder es gab eine dringende Anfrage in der Arbeit, eine Straße ist gesperrt, ein Taifun wütet, oder die Person ist krank geworden – es ist einfach so, dass niemand voraussagen kann, was für ein Hindernis eintreten könnte. Entsprechend ist die Aussicht, bei einer Reise in die Zukunft die richtige Person tatsächlich zu treffen, extrem gering.

Und doch saß im Café jetzt ein Mann, der aus der Vergangenheit gekommen war. Er hieß Katsuki Kurata und trug knielange Shorts, ein T-Shirt und an den Füßen Strandsandalen. Im Gegensatz dazu war das Café mit einem künstlichen Weihnachtsbaum geschmückt, der fast bis zur Decke reichte. Der Baum nahm einen Ehrenplatz in der Mitte des Raums ein. Man hatte den Mitteltisch zur Seite schieben müssen, um ihn in dem kleinen Café mit seinen neun Plätzen unterzubringen. Gekauft hatte ihn Nagare Tokitas Frau Kei noch vor ihrem Tod, um damit auszudrücken, wie viel ihre geliebte Tochter Miki ihr bedeutete (sie wollte etwas hinterlassen, das man jedes Jahr neu schmücken konnte).

Heute war der 25. Dezember, der erste Weihnachtsfeiertag.

»Frieren Sie nicht, so leicht angezogen?«, fragte Kyoko Kijima, die neben Miki am Tresen saß. Kuratas für die Weihnachtszeit so unpassende Kleidung irritierte und belustigte sie zugleich.

»Wie wär's mit einer Decke?«, schlug Nagare vor, der den Kopf aus der Küche gesteckt hatte, aber Kurata winkte mit einer raschen Handbewegung ab: »Danke, nein. Mir ist überhaupt nicht kalt. Aber könnte ich bitte ein Glas kaltes Wasser bekommen?«

»Ein kaltes Wasser, kommt sofort«, sagte Kazu hinter dem Tresen, während sie sich schon umdrehte. Sie nahm ein Glas vom Regal, füllte es mit Wasser und brachte es rasch Kurata.

»Danke«, sagte der, nahm das Wasser entgegen und trank es in einem Zug leer.

»Ich bin fertig!«, rief Miki, die mit einem Stift in der Hand neben Kyoko am Tresen saß, freudestrahlend. Sie hatte auf einen hochkant gefalteten Papierstreifen, ein Tanzaku, soeben einen Wunsch geschrieben und hielt ihn hoch.

»Was hast du dir diesmal gewünscht?«, fragte Kyoko und versuchte zu spicken.

»Ich wünsche mir, dass Papas Füße nicht mehr so stinken«, las Miki laut vor. Kyoko fand das schrecklich lustig und hätte fast losgeprustet. Miki, die ebenfalls kicherte, stieg von ihrem Stuhl herunter und ging zum Weihnachtsbaum, um ihren Tanzaku-Wunsch zu dem anderen Baumschmuck zu hängen. Es war eine ungewöhnliche Zeit, Tanzaku zu schreiben – normalerweise machte man das am 7. Juli, wenn Tanabata gefeiert wurde. Der Baum war bereits mit mehreren von Miki verfassten Wünschen geschmückt, und die weitaus meisten betrafen ihren Vater Nagare. Abgesehen von den »stinkenden Füßen« wünschte sie sich, er möge »kleiner werden« und »nicht mehr so widerborstig« sein. Kyoko musste oft ein Lachen unterdrücken.

Dass jemand Wünsche auf Tanzaku-Papier schrieb und sie an den Weihnachtsbaum hängte, kam im Café nicht oft vor. Kyoko hatte gesehen, wie Miki Schreiben übte, und vorgeschlagen, sie könnte doch Wünsche aufschreiben und damit den Baum schmücken.

Auch Kazu, die sonst nicht so viel lachte, musste kichern. Und sogar Kurata, der Mann aus der Vergangenheit, lächelte, angesteckt von der ausgelassenen Stimmung.

»Schreib nicht nur so alberne Sachen«, brummte ein genervter Nagare, der in diesem Moment mit einer quadratischen, zwanzig Zentimeter großen Schachtel aus der Küche kam. In der Schachtel war der von ihm gebackene Weihnachtskuchen, den Kyoko bestellt hatte.

Miki sah ihren Vater kichernd an. Dann drehte sie sich zu dem am Baum hängenden Tanzaku um, klatschte in die Hände und betete auf die traditionelle Art des Shintoismus. War jetzt eigentlich Weihnachten oder Tanabata?

Oder besuchte sie in ihrer Vorstellung einen Schrein? Es ging alles ziemlich durcheinander.

»Gut, der nächste …«, sagte Miki, noch keineswegs fertig, und begann wieder zu schreiben.

»Nein, nicht schon wieder …« Nagare seufzte.

Er schob die Kuchenschachtel in eine Tragetasche aus Papier. Dann sagte er: »Der ist für Kinuyo …« und verstaute noch einen Kaffee zum Mitnehmen in einer kleineren Papiertüte.

Kyoko zuckte zusammen. »Was?« Ihre Mutter Kinuyo, die in den letzten Sommertagen gestorben war, hatte Nagares Kaffee immer geliebt – noch im Krankenhaus hatte sie ihn täglich getrunken.

»Danke«, sagte sie leise mit Tränen in den Augen, gerührt von Nagares Fürsorglichkeit. Sie hatte den Kaffee, den Kinuyo so geliebt hatte, gar nicht bestellt, aber er hatte ihn trotzdem der Bestellung hinzugefügt.

»Was kostet der Kuchen noch mal?«, fragte Kyoko und wischte eine Träne weg.

Nagare kniff die Augen noch etwas mehr zusammen, vielleicht aus Verlegenheit. »Äh, zweitausenddreihundertsechzig Yen«, sagte er leise.

Kyoko zog das Geld aus ihrem Geldbeutel. »Bitte sehr«, sagte sie und gab ihm einen Fünftausend-Yen-Schein und dreihundertsechzig Yen in Münzen.

Nagare nahm das Geld und drückte auf die klobigen Tasten der Registrierkasse.

»Übrigens«, sagte er und machte eine Pause. »Er kommt doch nach Tokio zurück, ja? Wie heißt er noch gleich, Yukio?« Er sah Kyoko an. Yukio war Kyokos jüngerer Bruder, der nach Kioto gezogen war, um Kunsttöpfer zu werden.

»Ja, er kommt nach Hause! Eine Zeit lang war es ziemlich hart für ihn, aber jetzt hat er Arbeit gefunden.«

Es war nicht leicht für Yukio gewesen, eine richtige Arbeit zu finden. Schließlich hatte er sich sein Erwachsenenleben lang bis Ende dreißig ausschließlich auf Keramik konzentriert und entsprechend keinerlei berufliche Qualifikation. Er war offen für jede Art von Arbeit und hatte sich an Hello-Work, eine öffentliche Arbeitsvermittlungsagentur, um Hilfe gewandt. Nach elf erfolglosen Bewerbungen hatte ihn schließlich eine kleine Firma eingestellt, die Geschirr im westlichen Stil verkaufte. Neu in Tokio angekommen, hatte er sich dafür entschieden, in ein Firmenapartment zu ziehen. Es waren seine ersten Schritte in ein zweites Leben.

»Ach wie schön zu hören«, sagte Nagare und gab Kyoko das Wechselgeld. Kazu, die hinter Nagare stand und dem Gespräch gelauscht hatte, nickte ebenfalls. Kyokos Miene jedoch verdüsterte sich ein wenig. Sie blickte zu dem Mann auf besagtem Stuhl hinüber und seufzte leise.

»Ich hätte niemals angenommen, dass Yukio an Selbstmord denken könnte …«, sagte sie niedergeschlagen. »Ich bin wirklich so dankbar.« Sie verbeugte sich tief.

»Keine Ursache«, sagte Kazu.

»Ich habe noch einen fertig!«, rief Miki aufgeregt. Sie hatte wieder einen Wunsch aufgeschrieben.

»Ach wirklich? Was wünschst du dir?«, fragte Kyoko lächelnd.

»Dass Papa glücklich ist.« Miki las es laut vor und kicherte.

Wie eingehend sie über ihren Wunsch nachgedacht hatte, war unklar. Vielleicht hatte sie nur eine Entschuldigung dafür gebraucht, die Buchstaben für »glücklich« zu schreiben. Doch Nagare wirkte, als er den Wunsch hörte, fast verlegen.

»So ein Unsinn!«, brummte er und verschwand in der Küche. Kyoko sah Kazu schmunzelnd an.

»Ich glaube, dein Papa meint damit, dass er schon glücklich ist«, sagte sie zu Miki und ging. Miki lächelte, aber wahrscheinlich war ihr die Tiefe der Gefühle, die sie geweckt hatte, gar nicht bewusst.

Ding, dong.

Miki befestigte fröhlich das Tanzaku am Baum und sang dazu ein Weihnachtslied. Aus der Küche war das fortgesetzte lautstarke Schnäuzen Nagares zu hören.

»Sind Sie fertig?«, fragte Miki den Mann auf dem Stuhl.

Sie ging zu ihm und warf verstohlen einen Blick auf den Tisch vor ihm. Vor seinen Händen lagen ein Stift und ein Tanzaku, dieselben Utensilien, die auch Miki verwendet hatte. Miki hatte sie ihm gegeben, damit er auch einen Wunsch aufschreiben konnte.

»Äh, tut mir leid, nein. Ich …«

»Sie wissen, dass Sie alles schreiben können, okay?«, erklärte Miki, während Kurata hastig nach dem Stift griff. Er blickte zu dem kreisenden Deckenventilator hinauf, als bräuchte er Zeit zum Nachdenken, und notierte dann rasch einen Wunsch.

»Sollen wir noch einmal versuchen, Fumiko zu erreichen?«, fragte Nagare, der aus der Küche kam. Seine Nase war vom Schnäuzen gerötet.

Fumiko war eine Kundin, die vor sieben Jahren in eben diesem Café in die Vergangenheit zurückgekehrt war. Sie kam immer noch oft zu Besuch.

»Sie ist nicht eine, die ihr Versprechen bricht.« Nagare seufzte und verschränkte die Arme. Er hatte erst vor ein paar Minuten versucht, sie anzurufen, und es hatte geklingelt, aber sie hatte nicht abgehoben.

»Danke, ich weiß Ihre Mühe zu schätzen«, sagte Kurata mit einem höflichen Nicken.

»Warten Sie auf Fumiko?«, fragte Miki, die sich ihm gegenübergesetzt hatte und aufmerksam sein Gesicht studierte.

»Äh, nein, Ms. Kiyokawa …«

»Wer ist Ms. Kiyokawa?«

»Kiyokawa ist ihr Nachname … äh, du weißt, was ein Nachname ist?«

»Klar weiß ich das. Sie meinen ihren Familiennamen, stimmt's?«

»Ja, genau! Bravo! Was für ein kluges Mädchen!«

Kurata lobte Miki, als hätte sie in einer Prüfung die richtige Antwort gegeben. Sie wirkte erfreut und machte das Peace-Zeichen.

»Aber Fumikos Nachname ist doch Takaga. Sie heißt Fumiko Takaga, richtig?«, fragte Miki Kazu, die hinter dem Tresen stand. Kazu lächelte nur, aber Nagare verbesserte Miki sofort.

»Sie heißt Ka-ta-da!«, sagte er. »Du ärgerst sie, wenn du sie Fumiko Takaga nennst.«

Miki schien keinen Unterschied zwischen »Takaga« und »Katada« zu erkennen. Sie legte nur verwirrt den Kopf schräg, als wollte sie sagen: Von was redet Papa da?

»Oh, das ist ja eine gute Nachricht!«, rief Kurata überrascht. Die bloße Erwähnung des Namens Katada bewirkte, dass er sich aufrechter hinsetzte. Einen Augenblick lang sah es gefährlich so aus, als wollte er im Überschwang seiner Gefühle vom Stuhl aufstehen.

»Sie hat also doch noch geheiratet!«

»Mhm, ja.«

»Wow! Das ist schön!«

Kurata hatte gehört, dass Fumikos jetziger Mann die Hochzeit verschoben hatte, nachdem sich für ihn die Möglichkeit ergeben hatte, in Deutschland zu arbeiten. Zu hören, dass Fumiko schließlich doch noch geheiratet hatte, schien ihn so zu entzücken, dass man hätte denken können, er habe selbst geheiratet.

Fumikos Entschluss, in der Zeit zurückzureisen, war die Folge eines unglücklichen Gesprächs zwischen ihr und ihrem damaligen Freund Goro Katada gewesen. Goro war von einer amerikanischen Spielefirma namens TIP-G eingestellt worden, etwas, wovon er lange geträumt hatte, und nach Amerika gegangen. Fumiko war in die Vergangenheit zurückgekehrt, obwohl sie genau wusste, dass sie die Gegenwart nicht ändern konnte. Und in der Vergangenheit hatte Goro ihr gesagt, sie solle drei Jahre warten.

Seine Worte deuteten an, dass sie nach drei Jahren heiraten würden. Aber als er nach drei Jahren aus Amerika zurückkehrte, wurde er gleich nach Deutschland versetzt. Die beiden blieben allerdings verlobt, und im vergangenen Jahr, nach verschiedenen weiteren Hindernissen, war es schließlich so weit, und sie konnten heiraten. So wurde aus Fumiko Frau Katada.

Als Antwort auf Kuratas Reaktion wirkte Nagare hin- und hergerissen. Der Kaffee würde nicht ewig warm bleiben.

»Sie sagten vorhin, dass Sie nicht auf Fumiko warten, richtig?«, fragte er, den Faden des Gesprächs aufnehmend, bevor Miki Fumikos Nachnamen falsch ausgesprochen hatte.

»Das stimmt, nicht auf sie.«

»Auf wen dann?«

»Eine, äh, Arbeitskollegin«, antwortete Kurata. Er klang ein wenig nervös. »Sie heißt Asami Mori. Ich habe Ms. Kiyokawa, ich meine Fumiko, darum gebeten, sie hierher mitzubringen.« Er blickte zum Eingang, obwohl niemand gekommen war.

Die Person, mit der Kurata sich treffen wollte, war Asami Mori, eine jüngere Arbeitskollegin Fumikos. Kurata und Asami hatten zur selben Zeit angefangen, aber Kurata arbeitete im Verkauf und Asami in der Entwicklungsabteilung, wo auch Fumiko arbeitete.

Nagare hatte keine Ahnung, warum Kurata aus der Vergangenheit gekommen war, um seine Kollegin zu treffen, und gedachte auch nicht, danach zu fragen.

»Ah … verstehe. Dann hoffe ich, dass sie bald kommen«, murmelte er, und Kurata lächelte ein wenig.

»Wenn sie nicht kommen, dann nicht. Das ist für mich auch in Ordnung«, antwortete er.

»Wie meinen Sie das?«, fragte Nagare.

»Wir sind verlobt, aber es sieht ja nicht so aus, als würden wir jetzt noch heiraten …« Kurata senkte den Blick.

Wollte er seine frühere Verlobte treffen, weil er sich um sie Sorgen machte?

Kuratas resignierte Miene reichte, um Nagare eine ungefähre Vorstellung der Umstände zu geben.

»Ah, verstehe«, sagte er. Er enthielt sich eines weiteren Kommentars.

»Aber zu erfahren, dass Ms. Kiyokawa geheiratet hat, freut mich wirklich außerordentlich. Allein dafür hat sich mein Kommen schon gelohnt.«

Kurata lächelte glücklich. Das Lächeln war nicht gespielt. Er schien sich aufrichtig zu freuen. Miki, die ihm gegenübersaß und die Wange auf die Hand stützte, hatte dem Wortwechsel zugehört.

»Warum hat Fumiko ihren Namen geändert?«, fragte sie Nagare.

»Man ändert seinen Namen, wenn man heiratet«, erklärte Nagare. Er klang ein wenig genervt wie ein Vater, der täglich mit ähnlichen Fragen bombardiert wird.

»Wie? Ich auch? Muss ich meinen Namen auch ändern, wenn ich heirate?«

»Falls du heiratest.«

»Hä? Auf keinen Fall. He du, Ms. Kazu, willst du deinen Namen ändern?« Sie sah Kazu an.

Sie hatte vor Kurzem angefangen, Kazu »Ms. Kazu« zu nennen. Niemand wusste genau, warum. Ein paar Tage zuvor war es noch »Schwester Kazu« gewesen, davor nur »Schwester« und davor einfach »Kazu«. Es war, als würde Kazus Rang langsam und stetig steigen.

»Ms. Kazu, willst du deinen Namen ändern, wenn du heiratest?«

»Falls ich heirate«, antwortete Kazu auf ihre gewohnt ruhige Art und polierte weiter Gläser.

»Aha … verstehe«, sagte Miki.

Es war unklar, was sie »verstand«, jedenfalls nickte sie und kehrte auf ihren Platz am Tresen zurück, um weitere Wünsche auf Tanzaku zu schreiben.

Piep-piep, piep-piep … piep-piep, piep-piep …

Das Telefon im Hinterzimmer begann zu klingeln. Kazu wollte schon gehen und abnehmen, aber Nagare hielt sie mit erhobener Hand auf und verschwand selbst im Hinterzimmer.

Piep-piep …

Kurata senkte den Blick auf die Tischplatte und betrachtete, was er auf sein Tanzaku geschrieben hatte.

Obwohl zwei Jahre jünger als Kurata, verwendete Asami Mori ihm gegenüber nicht die sonst gegenüber älteren Angestellten übliche Höflichkeitssprache, weil sie beide zur selben Zeit in das Unternehmen eingetreten waren. Asami trug immer ein Lächeln auf den Lippen, wirkte authentisch und war entsprechend auch innerhalb der Firma beliebt.

Fumiko, die in derselben Abteilung arbeitete wie Asami, war aufgrund ihres Aussehens beliebt, aber in der Arbeit wurde sie hinter ihrem Rücken »Biest« genannt. Umso willkommener war Asamis Anwesenheit dort, trug sie doch dazu bei, die kriegerische Stimmung zu mildern, die sich über die Abteilung senkte, sobald ein Abgabetermin näher rückte.

Kurata und Asami gingen oft mit Mitarbeitern, die zur selben Zeit in die Firma eingetreten waren, etwas trinken. Die Gespräche drehten sich dann etwa um Missstände in der Arbeit, doch Kurata sagte nie etwas Schlechtes über die Firma oder seine Vorgesetzten. Im Gegenteil, er sah immer die positiven Seiten und zeigte Führungsqualitäten, wenn Schwierigkeiten auftauchten und die Lage hoffnungslos zu sein schien.

Asami wusste das durchaus zu schätzen, hatte aber einen festen Freund, als sie zur Firma stieß, und zog Kurata nie wirklich als »Mann« in Betracht.

Doch wurde ihr Verhältnis enger, als Asami mit ihm über ihre Fehlgeburt sprach. Sie hatte kurz nach der Trennung von ihrem Freund eine Fehlgeburt gehabt. Von ihrer Schwangerschaft hatte sie erst nach der Trennung erfahren, und die Fehlgeburt stand in keinem Zusammenhang mit dem Schock der Trennung. Asami hatte eine Krankheit, die eine Fehlgeburt wahrscheinlicher machte.

Als sie von ihrer Schwangerschaft erfuhr, hatte sie beschlossen, das Kind zu behalten, auch wenn sie eine alleinerziehende Mutter sein würde. Nach dieser nicht einfachen Entscheidung war es ein noch größerer Schock gewesen zu erfahren, dass sie ein erhöhtes Risiko für eine Fehlgeburt hatte. Sie fühlte sich unwillkürlich daran schuldig.

Von Schuldgefühlen überwältigt, hatte sie sich engen Freundinnen außerhalb der Arbeit, ihren Eltern und ihrer Schwester anvertraut. Die versuchten zwar, sie zu trösten und aufzumuntern, fanden jedoch nicht die richtigen Worte, um die Schatten auf ihrer Seele zu vertreiben.

Damals sprach Kurata sie an und fragte, ob ihr etwas fehle.

Sie glaubte zwar nicht, dass er etwas so Spezielles wie den Verlust eines Babys verstehen würde, da er doch ein Mann war. Aber sie sehnte sich verzweifelt nach einem mitfühlenden Ohr – egal wem es gehörte. Von denen, denen sie sich anvertraut hatte, hatten ihre Freundinnen mit ihr geweint und ihre Eltern sie zu trösten versucht, indem sie sagten, es sei nicht ihre Schuld. Deshalb ging sie davon aus, dass auch Kurata Mitgefühl zeigen und etwas Tröstliches sagen würde.

Sie sprach also offen über ihre Gefühle. Doch nachdem er ihr zugehört hatte, fragte er als Erstes, wie viele Tage sie das Baby im Bauch getragen hätte. Zehn Wochen oder rund siebzig Tage, antwortete sie, und da fragte er:

»Warum, glaubst du, wurden dem Kind, das du getragen hast, siebzig Tage des Lebens in dieser Welt geschenkt?«

Asami hatte sich darüber furchtbar aufgeregt. Sogar ihre Lippen hatten angefangen zu zittern.

»Du fragst mich wirklich, warum es leben durfte?« Sie bekam rote Augen und schluchzte unkontrolliert. »Willst du damit sagen, ich sei ein schlechter Mensch?«

Sie konnte gar nicht mehr damit aufhören, sich zu empören. Sie hatte sich schon selbst die Schuld daran gegeben, dass ihr Kind nie geboren worden war. Aber dasselbe von jemand anders zu hören, dem es absolut nicht zustand, so etwas überhaupt zu sagen, steigerte ihre Verzweiflung noch.

Kurata schien ihr das nachfühlen zu können und lächelte mitfühlend. »Nein, du hast mich falsch verstanden.«

»Was habe ich falsch verstanden? Das Kind, mit dem ich schwanger war, war machtlos! Ich konnte nicht mal zulassen, dass es geboren wurde! Es war meine Schuld! Ich konnte dieses Kind nur siebzig Tage leben lassen! Nur siebzig Tage!«

Ruhig und gefasst wartete Kurata ab, bis sie zu weinen aufhörte. Dann sagte er: »Das Kind hat sein siebzig Tage langes Leben dafür verwendet, dich glücklich zu machen.«

Er klang sanft, sprach aber mit unerschütterlicher Gewissheit.

»Wenn du weiter so untröstlich bist, hat dein Kind die siebzig Tage umsonst eingesetzt.«

Er sprach nicht von Mitgefühl, sondern davon, wie Asami mit der Trauer, die sie empfand, anders umgehen konnte.

»Wenn du dagegen versuchst, glücklich zu sein, dann hat das Kind mit seinen siebzig Tagen dazu beigetragen, dich glücklich zu machen. Dann hatte sein Leben eine Bedeutung. Nur du kannst das Leben, das dem Kind gegeben wurde, bedeutungsvoll machen. Deshalb musst du alles daran setzen, glücklich zu sein. Die Person, die das am meisten für dich will, ist dieses Kind.«

Asami war wie vom Donner gerührt, als sie das hörte. Die tiefe Verzweiflung, die sie niedergedrückt hatte, begann zu weichen, und das Leben erschien ihr ein wenig heller.

Indem ich versuche, glücklich zu sein, kann ich dem Leben dieses Kindes Bedeutung geben.

Das war die klare Antwort.

Sie konnte die Tränen nicht zurückhalten, hob den Blick zum Himmel und schluchzte heftig. Aber es waren weniger Tränen der Trauer als der Freude darüber, dass sie einen Ausweg aus ihrer abgrundtiefen Verzweiflung sah und wieder so etwas wie Glück spürte.

In diesem Augenblick wurde Kurata für sie zu mehr als nur einem positiv denkenden Kollegen.

»Mr. Kurata?«

Kurata merkte erst jetzt, dass Nagare mit dem Telefon in der Hand neben ihm stand.

»Äh, ja?«

»Es ist Fumiko.«

»Oh … danke.«

Er nahm den Hörer. »Ja, hier Kurata.«

Kurata hatte gesagt, wenn Asami nicht komme, sei es für ihn auch in Ordnung. Trotzdem wirkte seine Miene jetzt ein wenig angespannt, als mache es ihn nervös, am Telefon mit Fumiko zu sprechen.

»Aha, ja … Ach wirklich? … Verstehe … Nein, überhaupt nicht … vielen Dank.«

So wie er klang und aussah, schien er nicht besonders enttäuscht zu sein. Beim Sprechen straffte er sich ein wenig unbeholfen mit herausgedrückter Brust und blickte geradeaus, als sitze Fumiko direkt vor ihm. Nagare betrachtete seine unnatürlich starre Haltung mit besorgter Miene.

»Nein, nein, Sie haben schon so viel für mich getan … Das ist vollkommen in Ordnung … vielen Dank.«

Er neigte den Kopf tief.

»Richtig … ja … in Ordnung, aha … der Kaffee wird bald kalt sein, deshalb … ja …«

Er warf einen Blick auf die mittlere Standuhr.

Von den drei altertümlichen Uhren an der Wand zeigte nur sie die richtige Zeit. Von den anderen beiden ging eine vor und eine nach.

Nagare meinte aus dem Telefongespräch schließen zu können, dass Asami nicht kommen würde.

»Ja, ja …«

Kurata streckte die Hand aus und berührte die Tasse, um die Temperatur des Kaffees zu prüfen.

Ich habe nur noch wenig Zeit …

Er holte tief Luft und schloss langsam die Augen. Kazu beobachtete ihn dabei, tat aber nichts.

»Oh, da fällt mir ein. Ich habe gehört, Sie hätten geheiratet. Ich gratuliere. Ja, die Mitarbeiter des Cafés haben es mir gesagt … glauben Sie mir, schon allein deshalb hat es sich gelohnt, zu kommen.«

Es waren nicht nur leere Worte, Kurata schien sie wirklich ernst zu meinen. Sein strahlendes Gesicht war wie auf Fumiko gerichtet, wo immer sie war.

»… auf Wiedersehen.«

Er beendete das Gespräch. Nagare trat stumm an den Tisch, und Kurata gab ihm den Hörer zurück.

»Dann gehe ich jetzt wieder«, sagte er leise.

Er lächelte, aber seine Stimme stockte. Er klang hörbar enttäuscht, dass er den ganzen Weg in die Zukunft auf sich genommen hatte, ohne Asami zu treffen.

»Können wir noch etwas tun, bevor Sie gehen?«, fragte Nagare und sah ihn unverwandt an.

Er wusste, dass er ihm nicht helfen konnte, aber er musste es trotzdem fragen.

Kurata schien zu spüren, wie ihm zumute war.

»Nein, es ist alles in Ordnung, vielen Dank«, antwortete er lächelnd.

Nagare hob langsam den Kopf und kehrte mit dem Mobilteil in der Hand zum Hinterzimmer zurück.

»Könntest du das bitte für mich aufhängen?«, fragte Kurata und hielt das Tanzaku mit seinem Wunsch in die Höhe.

»Ja«, sagte Miki. Weil Kurata seinen Stuhl nicht verlassen durfte, kam sie und holte den Wunsch ab.

»Danke für alles«, sagte Kurata. Mit einer Verbeugung zu Kazu hinter dem Tresen griff er nach der Tasse vor ihm.

Im Sommer zweieinhalb Jahre zuvor …

Man hatte bei Kurata akute myeloische Leukämie festgestellt. Es hieß, er könne eine Behandlung beginnen und darauf hoffen, dass er überlebe, oder darauf verzichten und nur noch ein halbes Jahr zu leben haben. Es war der zweite

Sommer seiner Beziehung mit Asami. Als er die Diagnose bekam, hatte er gerade beschlossen, heimlich einen Ring zu kaufen und ihr einen Antrag zu machen.

Doch er gab nicht auf, solange auch nur die kleinste Chance bestand zu überleben. Deshalb war er sofort bereit, die Behandlung zu beginnen. Damals beschloss er auch, einen Plan auszuführen, den er vor Asami geheim halten wollte. Von Fumiko hatte er gehört, dass man in diesem Café nicht nur in die Vergangenheit zurückkehren, sondern auch in die Zukunft reisen konnte. Die Informationen, die er von Fumiko erhielt, waren allerdings nicht detailliert genug, um seinen Plan erfolgreich umsetzen zu können. Deshalb suchte er das Café auf, um aus erster Hand zu erfahren, ob sein Vorhaben klappen konnte.

Zum Café zu kommen, war nicht schwer, denn er hatte es bei zwei früheren Gelegenheiten schon besucht, bei denen er Fumiko begleitet hatte. Doch genau wie der Wetterbericht vorausgesagt hatte, wurde er von einem sintflutartigen Regenguss überrascht. Obwohl er einen Schirm dabeihatte, war er bei seiner Ankunft im Café von der Hüfte an abwärts vollkommen durchnässt.

Vielleicht aufgrund des Regens waren nur die Kellnerin Kazu und die Frau im weißen Kleid im Café anwesend. Kurata stellte sich kurz vor und setzte seinen Plan Kazu auseinander.

»Ich will in die Zukunft reisen«, begann er. »Wie Ms. Kiyokawa sagte, kann man das auch, wenn man auf dem Stuhl dort sitzt.« Er blickte zu der Frau im Kleid hinüber. Dann zog er ein Notizbuch heraus, in dem er ausgehend von Fumikos Ausführungen die Regeln so genau wie möglich notiert hatte, und begann zu überprüfen, ob alles stimmte.

»Bei einer Rückkehr in die Vergangenheit kann man

niemanden treffen, der das Café noch nicht besucht hat. Wie ist das in der Zukunft? Kann man die gewünschte Person nur treffen, wenn sie auch ins Café kommt?«

»Richtig«, sagte Kazu sachlich, während sie in ihrer Arbeit fortfuhr. Unter Zuhilfenahme seines Notizbuchs ging Kazu systematisch seine Fragen durch und ließ sich bestätigen, dass die Frau im Kleid ihren Platz einmal am Tag verließ, um auf die Toilette zu gehen, und dass man auch bei Reisen in die Zukunft nicht vom Stuhl aufstehen durfte.

»Ist die Zeit, bis der Kaffee kalt ist, für alle gleich?«, fragte er. »Oder je nach den Umständen länger oder kürzer?«

Es war eine kluge Frage. Wenn es immer gleich lang dauerte, bis der Kaffee kalt war, konnte er bei Fumiko, die in der Zeit zurückgegangen war, nachfragen, wie viel Zeit er hatte. Wenn es dagegen jedes Mal verschieden lang dauerte, hatte er im schlimmsten Fall sogar weniger Zeit als sie.

Wer in die Vergangenheit zurückkehrt, weiß genau, wann die Person, die man treffen will, das Café besucht hat. Das heißt, man kann sich eine bestimmte Zeit vornehmen und diese dann auch zielgerichtet ansteuern. Selbst wenn einem also nur wenig Zeit zur Verfügung stand, würde man die Person wahrscheinlich treffen.

Für die Zukunft gilt das nicht. Man kann zwar ein Treffen ausmachen, aber ob die Person dann kommt, hängt von unvorhersehbaren Umständen ab. Am Ende verpasst man sie um wenige Augenblicke.

Ob einem viel oder wenig Zeit zur Verfügung stand, war deshalb entscheidend wichtig. Kurata schluckte, während er auf Kazus Antwort wartete.

»Das weiß ich nicht«, beschied sie ihn knapp.

Kurata wirkte nicht übermäßig enttäuscht, als habe er mit einer solchen Antwort gerechnet.

»Ach so, gut«, sagte er nur. Dann stellte er seine letzte Frage.

»Man kann, wenn man in die Vergangenheit zurückkehrt, nichts tun, das die Gegenwart verändert. Gehe ich recht in der Annahme, dass dasselbe auch für die Zukunft gilt?«

Anders als bei seiner vorherigen Frage hielt Kazu diesmal in ihrer Arbeit inne und überlegte kurz.

»Ich glaube, ja«, antwortete sie. Vielleicht sagte sie es, weil sie so eine Ahnung hatte, warum Kurata die Frage stellte, doch war es ungewöhnlich für sie, so vage zu antworten. Allerdings war es das erste Mal, dass jemand diese Frage stellte.

Kurata überlegte. Wenn die Regel, dass, was immer man in der Vergangenheit tat, die Gegenwart nicht veränderte, auch für Reisen in die Zukunft galt …

… wenn er Asami in der Zukunft nicht begegnete, dann würde sich diese Zukunft auch nicht ändern, egal was er bis dahin tat. Wenn er sie andererseits tatsächlich in der Zukunft traf, dann würde dieses Treffen, egal was er bis dahin tat, trotzdem stattfinden.

Von allen Regeln war das die Regel, die er am meisten hatte klären wollen.

Einfach in die Zukunft zu reisen und darauf zu vertrauen, dass er Asami zufällig begegnen würde, war nicht ratsam. Wenn Asami Stammgast gewesen wäre, dann vielleicht. Aber das war sie nicht. Kurata wollte deshalb genau vorausplanen, dass sie das Café zur selben Zeit wie er besuchte.

Wenn man die Zukunft hätte ändern können, dann wäre er einfach in die Zukunft gereist, und wenn er Asami bei dieser Gelegenheit nicht getroffen hätte, hätte er sich nach seiner Rückkehr eben noch mehr darum bemühen müssen, sie beim nächsten Mal zu treffen.

Aber das war nicht der Fall.

Die Wirklichkeit der Zukunft, in die man reiste, konnte nicht verändert werden.

Es war keine neue Regel, nur eine Erweiterung der Regel, dass man, auch wenn man es bei einem Besuch in der Vergangenheit noch so sehr versuchte, die Gegenwart nicht ändern konnte. Kurata, der ja in die Zukunft reisen wollte, war der Einzige, der je daran gedacht hatte.

Er schien eine Weile hin und her zu überlegen.

»Hm, verstehe, vielen Dank«, sagte er und deutete eine Verbeugung an.

»Wollen Sie heute reisen?«, fragte Kazu.

»Nein, nicht heute«, erwiderte er. Und mit vor Nässe schmatzenden Schuhen verließ er das Café.

Kurata beschloss, Fumiko als Mitverschwörerin anzustellen, um Asami in der Zukunft zu treffen. Fumiko besuchte das Café oft und war eine gute Freundin Asamis. Kurata war auch von ihrer hervorragenden Arbeit als Systemtechnikerin beeindruckt und überzeugt, dass niemand für die Aufgabe besser geeignet war.

Er rief sie an und bat um ein Treffen, um etwas zu besprechen. Er kam geradewegs zur Sache.

»Ich habe wahrscheinlich nur noch etwa ein halbes Jahr zu leben«, sagte er. Er zeigte der schockierten Fumiko seine Testergebnisse, erklärte, was der Arzt gesagt hatte und dass er in einer Woche ins Krankenhaus gehen würde. Fumiko wusste nicht, was sie sagen sollte, aber sein ernstes Gesicht ließ ihr keine andere Wahl, als sich mit der Nachricht abzufinden.

»Was soll ich tun?«, fragte sie.

»Etwas, das ich nur Ihnen zutraue«, sagte er. Und er

führte aus: »Ich will in dieses Café gehen und zweieinhalb Jahre in die Zukunft reisen. Wenn ich dann tot bin, könnten Sie mit Asami ins Café kommen?«

Als Fumiko Kurata sagen hörte, wenn ich dann tot bin, warf sie ihm einen schwer zu deutenden Blick zu.

»Aber unter einer der folgenden Voraussetzungen brauchen Sie sie nicht mitzubringen.«

»Was meinen Sie damit?«

Fumikos Gesicht zeigte, dass sie sichtlich Mühe hatte, ihm zu folgen. Zuerst bat er sie, in zweieinhalb Jahren mit Asami ins Café zu kommen, dann stellte er Bedingungen, unter denen sie sie nicht zu bringen brauchte. Sie hatte keine Ahnung, worauf er hinauswollte.

Doch er fuhr unbeeindruckt fort, die Bedingungen zu erläutern.

»Erstens brauchen Sie sie nicht zu bringen, wenn ich nicht sterbe.«

Das leuchtete ein. Es war schließlich die wünschenswerteste Alternative. Aber als Fumiko die zweite Bedingung hörte, wusste sie nicht, was sie sagen sollte.

»Wenn ich sterbe und Asami glücklich verheiratet ist, bringe sie bitte auch nicht.«

»Was? Das leuchtet mir nicht ein …«

»Wenn ich Asami auf meiner Reise in die Zukunft also nicht treffe, gehe ich davon aus, dass sie glücklich verheiratet ist, und kehre wieder zurück. Aber wenn das nicht der Fall ist, dann würde ich ihr gerne etwas sagen … deshalb …«

Auch wenn Kurata wusste, dass er womöglich nur noch ein halbes Jahr zu leben hatte, war sein einziger Wunsch, Asami möge glücklich sein.

Als Fumiko seinen Plan hörte, sagte sie: »Menschen wie Sie …«, und begann zu weinen.

Alles hing von ihrer Entscheidung ab, ob sie Asami bitten würde oder nicht.

»Im Idealfall müssen Sie gar nichts tun, aber tun Sie bitte, was Sie können«, sagte Kurata und neigte den Kopf tief.

Aber Asami war nicht gekommen. Er atmete kurz aus und führte die Tasse, die er hielt, zum Mund. In diesem Augenblick …

Ding, dong.

Die Türglocke ging, und im nächsten Moment eilte Asami Mori in einem marineblauen Dufflecoat ins Café.

Draußen hatte es offenbar angefangen zu schneien, denn auf Haaren und Schultern lagen einige Schneeflocken.

»Hallo!«, sagte Kurata verlegen.

Asami war immer noch damit beschäftigt, zu Atem zu kommen, sah ihn aber sichtlich verärgert an.

»Fumiko hat mir alles gesagt. Was denkst du dir eigentlich? Mich kommen zu lassen, um einen Toten zu treffen! Hast du dich auch nur einen Moment in meine Lage versetzt?« Sie klang schroff, und Kurata, der sie unverwandt ansah, begann sich verlegen mit dem Zeigefinger die Stirn zu reiben.

»Es tut mir leid«, murmelte er und sah sie weiter wie forschend an.

»Was?«, fragte Asami misstrauisch.

»… Entschuldige, nichts, ich muss zurückkehren«, sagte

er leise. Während er die Tasse zum Mund führte, trat Asami zu ihm und hielt ihm die linke Hand hin. Am dritten Finger funkelte ein Ring.

»Hier, ich bin verheiratet, okay?« Sie erwiderte seinen Blick unverwandt und sprach jedes Wort klar und deutlich aus.

»Mhm.« Kuratas Augen röteten sich. Asami wandte den Blick ab und seufzte.

»Du bist vor zwei Jahren gestorben. Was hast du dir gedacht, Fumiko in so etwas hineinzuziehen? Hast du je überlegt, dass du dir zu viel Sorgen gemacht hast?« Sie klang anklagend.

»Es sieht auf jeden Fall so aus, als hätte ich mir keine solchen Sorgen machen müssen …«, sagte Kurata erleichtert und mit einem bittersüßen Lächeln. Ihm war nicht klar, was Asami mit ihrem Auftritt bezweckte, aber zu hören, dass sie verheiratet war, genügte ihm vollauf.

»Ich muss gehen.«

Nach seiner Rückkehr in die Vergangenheit würde er noch ein halbes Jahr leben. Die Tatsache, dass er sterben musste, hatte er durch die Reise in die Zukunft nicht ändern können. Aber das Wissen darum konnte seine Miene nicht im Geringsten trüben. Sein lächelndes Gesicht war heiter und glücklich. Asami, die seine Gedanken nicht lesen konnte, sah ihn nur mit verschränkten Armen an.

»Also gut …«

Er trank den Kaffee auf einen Zug aus. Sofort erfasste ihn Schwindel, und seine Umgebung begann zu flimmern. Als er die Tasse wieder auf die Untertasse stellte, begannen seine Hände sich schon aufzulösen. Sein Körper begann zu schweben, da kam endlich Bewegung in Asami.

»Kurata!«, schrie sie.

Sein Bewusstsein begann sich zu trüben, und die Umgebung zog an ihm vorbei.

»Danke, dass du geko…«

Schlagartig hörte er nichts mehr, und er verschwand, als hätte die Decke ihn aufgesaugt.

Wie ein Trugbild erschien plötzlich die Frau im Kleid wieder auf dem Stuhl, auf dem Kurata gesessen hatte. Asami stand nur da und starrte auf die Stelle, wo er verschwunden war.

Ding, dong.

Fumiko trat ein, winterlich gekleidet mit Daunenjacke und mit Wolle gefütterten Stiefeln. Sie hatte an der halb geöffneten Tür gestanden und dem Gespräch der beiden ehemaligen Liebenden gelauscht.

Langsam ging sie auf Asami zu.

»Asami …«, sagte sie.

Es gab zwei Bedingungen, unter denen Kurata Fumiko gebeten hatte, Asami nicht mitzubringen.

Einmal, wenn er nicht gestorben war. Und …

Zweitens, wenn er gestorben, aber Asami glücklich verheiratet war.

Doch nach seinem Tod hatte Fumiko bis zu dem Tag unmittelbar vor dem geplanten Treffen mit sich gerungen, wann sie es Asami am besten sagen sollte.

Was die Bedingung betraf, dass sie Asami nicht mitbringen sollte, wenn sie glücklich verheiratet war, hatte sie das so interpretiert, dass Asami kommen sollte, wenn sie nicht über Kurata hinwegkam und nicht in der Lage war, jemand anders zu heiraten.

Doch wenn Asami Kurata nach Kräften zu vergessen und hinter sich zu lassen suchte, wollte Funiko sie auch nicht zu dem Treffen mitbringen, nur weil sie nicht verheiratet war.

Es ging schließlich um ein Treffen mit einem Toten, keine leicht zu nehmende Sache. Wenn man nicht richtig damit umging, konnte es Asamis Leben ruinieren. Fumiko grübelte unablässig über die verschiedenen Möglichkeiten nach, aber zwei Jahre verstrichen, ohne dass sie eine Lösung gefunden oder Einblick in Asamis Gefühle bekommen hätte.

Nach Kuratas Tod trauerte Asami, aber nach etwa einem halben Jahr lebte sie wieder wie zuvor. Soweit Fumiko sah, bedeutete sein Tod keine Veränderung.

Doch nur aufgrund dieses Eindrucks konnte Fumiko noch nicht entscheiden, ob sie Asami an dem für das Treffen anberaumten Tag mitbringen sollte. Asami hatte zwar nicht geheiratet, aber ob jemand heiratete oder nicht, war schließlich kein Maßstab für sein oder ihr Glück. Allerdings hatte Fumiko auch von keinerlei romantischen Gerüchten in Zusammenhang mit Asami seit Kuratas Tod gehört. Und dann, bevor sie es sich versah, war der auserwählte Tag nur noch eine Woche entfernt.

Nach vielen quälenden Überlegungen beschloss Fumiko, ihren Mann Goro um Rat zu fragen. Bei allem Respekt für sein Können als Systemtechniker, wie sie es auch war, erstreckte sich ihr Vertrauen in ihn doch normalerweise nicht auf Herzensangelegenheiten. Jedoch waren sie übereingekommen, dass sie, sollte einer von ihnen in Schwierigkeiten stecken, gemeinsam als Paar darüber sprechen würden. Also suchte sie jetzt seinen Rat, klammerte sie sich an diesen letzten Strohhalm.

Goro sah sie mit ernster Miene an.

»Er hat wohl kaum gedacht, dass dir die Entscheidung so schwerfallen würde«, sagte er.

Fumiko wusste nicht, wovon er sprach.

»Er hatte vollständiges Vertrauen in dich.«

»Aber ich weiß nicht, was ich tun soll!«

»Nein, er hatte nicht Vertrauen in dich als Frau.«

»Was? Was meinst du?«

»Er hatte Vertrauen in dich als Systemtechnikerin.«

»Was soll das heißen?«

»Denk daran, was er gesagt hat. Die Bedingungen, unter denen du Asami nicht mitbringen solltest, waren erstens, wenn er nicht gestorben wäre, und zweitens, wenn sie nach seinem Tod geheiratet hätte und glücklich wäre.«

»Ja.«

»Sieh das Ganze doch einfach als Programm, das entscheidet, ob bestimmte Bedingungen zutreffen. Dann kannst du alle anderen Bedingungen vernachlässigen, weil sie nicht zum Programm gehören …«

»Wenn Kuratas Bedingungen nicht zutreffen, fahre entsprechend fort.«

»Genau. Asami ist zum Beispiel vielleicht glücklich, aber nicht verheiratet. Das entspräche nicht seinen Bedingungen dafür, sie nicht mitzubringen.«

»… mhm.«

»Kurata, der Asami besser kannte als du, wollte ihr mit diesen absoluten Bedingungen wahrscheinlich helfen, sich von einer Art Trauma zu erholen.«

Fumiko hatte jetzt, da Goro davon sprach, sofort eine Vorstellung, was für ein Trauma gemeint sein könnte. Asami hatte eine Fehlgeburt gehabt. Fumiko hatte sie auch sagen hören, die Vorstellung, sie könnte noch einmal eine haben, mache ihr Angst.

»Im Gegensatz dazu gibt es auch den Fall, dass sie zwar verheiratet ist, aber nicht glücklich. Auch dann wäre die Bedingung dafür, sie nicht mitzubringen, nicht erfüllt.«

»Gut, das verstehe ich jetzt. Danke!«, sagte sie und machte sich sofort auf den Weg zu Asami.

Fumiko handelte immer schnell, sobald sie wusste, was getan werden musste. Als genaues Datum des Treffens im Café war sieben Uhr abends am 25. Dezember, dem Weihnachtstag, festgesetzt. Sie verriet natürlich nichts von Kuratas Bedingungen, als sie Asami sagte, dass er an diesem Tag aus der Vergangenheit komme, aber als Asami das hörte, schien ihre Stimme zu versagen.

»Aha …«, sagte sie nur, und ihre Laune verdüsterte sich zusehends.

Am Tag von Kuratas Besuch fehlte Asami unentschuldigt bei der Arbeit. Kollegen hatten versucht, sie zu erreichen, aber sie antwortete nicht. Daraufhin meinten ihre Kollegen halb im Scherz, sie würde Weihnachten offenbar für wichtiger halten als die Arbeit. Nur Fumiko kannte die Umstände ihrer Abwesenheit. »Weniger reden und mehr arbeiten, bitte«, befahl sie ihrem Team forsch.

Wahrscheinlich überlegte Asami hin und her, ob sie Kurata treffen sollte. Fumiko schickte ihr eine SMS.

Ich warte heute Abend um sieben vor dem Café.

Am Abend …

Um den Bahnhof standen viele Weihnachtsbäume, geschmückt mit funkelnden und blitzenden Lichtern. Überall drängten sich die Menschen, und aus allen Richtungen ertönten Weihnachtslieder. Das Café jedoch lag in einer Nebenstraße zwischen höheren Gebäuden, vom Bahnhof etwa zehn Minuten zu Fuß. Abgesehen von einem kleinen, am Schild des Cafés angebrachten Kranz sah es genauso aus wie an jedem anderen Tag. Das einzige Licht kam von der Hauptstraße, sodass es hier sehr dunkel war. Verglichen mit der belebten Umgebung des Bahnhofs wirkte die Straße verlassen.

Fumiko wartete vor dem Eingang zum Erdgeschoss.

»War es hier schon immer so dunkel?«, murmelte sie vor sich hin und betrachtete die weiße Wolke ihres Atems.

Seit Sonnenuntergang schneite es immer wieder leicht, und sogar hier, in dieser schmalen Nebenstraße, tanzten und wirbelten die Schneeflocken. Sogar mit einem Regenschirm konnte man nur einen kleinen Teil davon auffangen.

Fumiko zog ihren Ärmel so weit vom Handschuh zurück, dass sie ihre Uhr lesen konnte. Es war schon ein wenig später, als sie für das Treffen mit Kurata ausgemacht hatte.

Aber Asami war nicht gekommen.

Womöglich hatte ihr Zug aufgrund des Schnees Verspätung. Der Schnee sorgte auch auf den Straßen für Staus. Normalerweise hätte Fumiko sich über so romantische weiße Weihnachten gefreut. Heute dagegen ärgerte der Schnee sie, und sie runzelte die Stirn.

»Asami … wo bist du?«

Sie rief Asami ein drittes Mal an, aber immer noch nahm niemand ab.

Die beiden werden sich nicht treffen. Wahrscheinlich hat sie beschlossen, nicht zu kommen.

Das machte sie ein wenig traurig, aber es war Asamis Entscheidung.

Ich hätte ihr etwas mehr Druck machen sollen.

Fast hatte sie das Gefühl, sich entschuldigen zu müssen, zugleich war sie verärgert.

Was soll ich Kurata sagen?

Sie stand direkt vor dem Café, konnte sich aber nicht überwinden hineinzugehen. Stattdessen beschloss sie, am Telefon mit Kurata zu sprechen.

»Äh, Kurata, sind Sie das? Hier spricht Fumiko Kiyokawa … Mhm … Wegen Asami … Es ist alles nicht so einfach … Ich sagte ihr, dass Sie heute kommen würden … erst vor einer Woche … Richtig … Ja, es tut mir so leid. Ich habe viel hin und her überlegt … Jedenfalls klang sie, als würde sie kommen. Ja … Mhm … Nein, aber es geht ihr gut. Sie war ein halbes Jahr lang, denke ich, richtig traurig. Aber jetzt scheint sie darüber weg zu sein … Ja … Es tut mir wirklich leid. Ich denke, ich hätte sie mehr drängen müssen. Das bedaure ich jetzt … Wie bitte? … Oh ja, danke … Ach, Sie müssen schon bald gehen? Du meine Güte … Jedenfalls tut es mir aufrichtig leid … Ja, also gut …«

Sie beendete den Anruf und verspürte unwillkürlich ein bohrendes Gefühl der Reue. Es schneite inzwischen ein wenig stärker, und der Schnee war kalt.

Dann kann ich eigentlich nach Hause gehen.

Sie machte schweren Herzens einen Schritt, da …

»Fumiko!«, sagte die Stimme einer Frau hinter ihr. Sie drehte sich um. Vor ihr stand eine Asami, die vollkommen außer Atem war.

»Asami!«

»Fumiko, ist Kurata … noch da?«

»Ich bin mir nicht sicher, aber …«

Sie blickte auf ihre Uhr. Er hatte gesagt, er würde um sieben kommen, und jetzt war es acht Minuten danach. Selbst wenn sein Kaffee mit etwas Glück noch nicht kalt war, hatte er ihn vielleicht nach Beendigung des Telefongesprächs ausgetrunken. Sie durften keine Zeit verlieren.

»Gehen wir!«, drängte Fumiko. Sie legte Asami die Hand auf den Rücken und schob sie die Treppe hinunter.

Vor der Tür zum Café drehte Asami sich zu ihr um.

»Ich muss mir deinen Ehering leihen«, bat sie.

Der Ring bedeutete Fumiko sehr viel, und sie hatte ihn erst im vergangenen Jahr bekommen.

Ich werde sie später fragen.

Ohne zu zögern, zog sie den Ring vom Finger und gab ihn Asami.

»Hier, mach schnell!«

»Danke!« Asami nickte. Die Türglocke ging, und sie betrat das Café.

Asami starrte auf die Stelle, an der Kurata verschwunden war, und seufzte leise.

»Ich habe versucht, darüber hinwegzukommen, aber ich konnte Kurata nicht vergessen … Zuletzt habe ich gedacht, ich könnte nie jemand anders heiraten als ihn.« Sie zitterte leicht am ganzen Körper.

Fumiko sah Asami an. Sie konnte sich vorstellen, wie Asami zumute war.

Mir würde es an ihrer Stelle genauso gehen.

Sie drückte die Hand an die Brust. Ihr fiel nichts ein, das sie sagen könnte.

»Aber ich erinnere mich noch, was er gesagt hat, als ich die Fehlgeburt hatte. Er sagte, das kleine Baby hätte die siebzig Tage seines Lebens dazu verwendet, Glück in mein Leben zu bringen. Wenn ich keinen Ausweg aus meinem Unglück finden würde, wäre das das Ergebnis der siebzig Tage des Babys. Wenn ich dagegen wieder glücklich sein könnte, hätte ich das dem Leben des Babys zu verdanken. Durch meine Entscheidung könnte ich seinem Leben einen Sinn geben, könnte ich einen Grund schaffen, warum mein Kind diese Zeit hatte leben dürfen. Deshalb müsste ich versuchen, glücklich zu sein. Niemand hätte sich das mehr gewünscht als mein Kind.«

Asami verstummte und erzählte dann mit leiser, zitternder Stimme weiter, was Kurata gesagt hatte.

»Das brachte mich zum Nachdenken. Ich konnte vielleicht nicht jetzt schon heiraten, aber ich musste unbedingt glücklich sein.«

»Asami …«

»Denn wenn mein Glück zu seinem Glück werden konnte …«

Asami zog den geliehenen Ring vom Finger und gab ihn Fumiko zurück. Sie hatte ihn geliehen und gelogen, weil Kurata glauben sollte, sie hätte geheiratet.

»Ich wünsche mir, dass Asami immer glücklich ist«, las Miki laut von dem Tanzaku vor, das Kurata hatte liegen lassen.

Asami wusste nicht, dass es dieses Tanzaku überhaupt

gab. Aber sobald sie es hörte, wusste sie, dass es Kuratas Worte waren. Dicke Tränen liefen ihr plötzlich über die Wangen, und sie sank zu Boden.

»Geht es Ihnen gut?«, fragte Miki und blickte verwirrt zu ihr hinunter.

Fumiko legte den Arm um Asamis Schultern, und Kazu hielt in ihrer Arbeit inne und blickte zu der Frau im Kleid hinüber.

An diesem Tag machte Nagare das Café früh zu.

Nach ihrer Rückkehr erzählte Fumiko Goro, was geschehen war.

»Ich vermute, Kurata wusste, dass sie log«, sagte er, als sie fertig war, und nahm den Kuchen, den er gekauft hatte, aus der Schachtel.

»Du glaubst, er wusste es? Warum?« Fumiko runzelte ein wenig die Stirn.

»Sie sagte doch zu ihm, du hättest ihr alles gesagt, ja?«

»Ja, schon, warum?«

»Wenn sie wirklich glücklich verheiratet gewesen wäre, hättest du ihr gar nichts zu sagen brauchen. Aufgrund seiner Bedingungen hättest du sie in diesem Fall nicht ins Café bringen müssen.«

»Oh …«

»Verstehst du?«

»Oh nein, daran habe ich gar nicht gedacht. Ich habe ihr alles gesagt … Es ist meine Schuld …«

Goro sah, wie Fumikos Gesicht immer bekümmerter wurde, und lachte plötzlich leise in sich hinein.

»Was? Worüber lachst du?«, wollte Fumiko wissen und sah ihn empört an.

Goro entschuldigte sich rasch und sagte gleich mehrmals, es tue ihm leid. Dann sagte er: »Ich glaube, es spielt keine Rolle. Selbst wenn er wusste, dass sie log, kehrte er in die Vergangenheit zurück, ohne etwas zu sagen, weil er wusste, dass sie jetzt glücklich werden und vielleicht sogar heiraten würde ...«

Um sie abzulenken, hielt er ihr ein Weihnachtsgeschenk hin, das er für sie gekauft hatte.«

»Du hast doch dasselbe erlebt.«

»Wirklich?«

»Ihre Trauer jetzt in der Gegenwart, als sie ins Café kam, hätte er durch nichts ändern können ...«

»Aber in der Zukunft?«

»Genau! Er wusste, dass sich ihre Gefühle durch die Lüge geändert hatten.«

»Du meinst, sie hat sich im selben Augenblick entschieden, glücklich zu sein?«

»Ja. Deshalb ist er in die Vergangenheit zurückgekehrt, ohne etwas zu sagen.«

»... aha.«

»Sei also ganz beruhigt«, sagte Goro und spießte mit seiner Gabel ein Stück Kuchen auf.

»Also gut, in Ordnung«, sagte sie und wirkte erleichtert. Sie folgte seinem Beispiel und nahm einen Mundvoll Kuchen.

Die Zeit verstrich an diesem Weihnachtsabend vollkommen lautlos.

Nachdem das Café zugemacht hatte …

Das Licht ging aus, und die einzige Beleuchtung des Raums waren die Lichter des Weihnachtsbaums. Kazu hatte die Registrierkasse geschlossen und sich umgezogen und stand vor der Frau im Kleid. Sie stand einfach nur da, ohne Grund.

Ding, dong.

»Du bist noch da«, sagte Nagare mit Miki auf dem Rücken. Miki war vom Spielen im Schnee müde geworden und eingeschlafen.

»… ja.«

»Hast du über Kurata nachgedacht?«

Statt einer Antwort sah Kazu Miki an, die friedlich auf Nagares Rücken schlief.

Nagare stellte keine weiteren Fragen, sondern ging nur an Kazu vorbei. Und kurz bevor er das Zimmer verließ …

»Kaname geht es genauso, glaube ich«, sagte er leise wie zu sich selbst. Dann verschwand er im Hinterzimmer.

Die Lämpchen, die den deckenhohen Weihnachtsbaum schmückten, beleuchteten als einzige Lichtquelle den Rücken Kazus, die allein in dem stillen Café zurückgeblieben war.

An dem Tag, an dem Kaname aufgebrochen war, ihren toten Mann zu treffen, hatte die siebenjährige Kazu ihr den Kaffee serviert. Als eine Bekannte Kanames Nagare, der an jenem schicksalhaften Tag im Café anwesend gewesen war, gefragt hatte, was passiert sei, hatte er leise das Folgende geantwortet.

»Als Kazu das mit dem kalten Kaffee hörte, stellte sie sich wahrscheinlich vor, er sei dann so kalt wie Leitungswasser. Aber für andere Menschen ist Kaffee kalt, wenn er kälter ist als die Hauttemperatur. Bei dieser Regel weiß eigentlich niemand, was die Formulierung ›wenn der Kaffee kalt ist‹ bedeutet. Kaname glaubte wahrscheinlich einfach, der Kaffee sei noch nicht kalt.«

Doch kennt niemand die Wahrheit. Alle sagten zu der kleinen Kazu: »Kazu, du bist nicht schuld.«

Aber in ihrem Herzen fühlte sie etwas anderes …

Ich bin es, die Mama den Kaffee eingeschenkt hat …

Diese Tatsache konnte sie nie vergessen.

Und mit der Zeit kam dazu das Gefühl …

Ich bin es, die Mama umgebracht hat …

Diese Erfahrung nahm Kazu die Unschuld und beraubte sie auch ihres Lächelns. Sie begann, wie eine Schlafwandlerin Tag und Nacht ziellos umherzuwandern. Sie konnte sich nicht mehr konzentrieren, ging in der Mitte der Straße und wurde fast von einem Auto überfahren. Einmal fand man sie mitten im Winter in einem Fluss. Doch wünschte sie sich nie bewusst den Tod. In ihrem Unterbewusstsein gab sie sich ständig die Schuld.

Eines Tages drei Jahre nach dem Vorfall stand sie an einem Bahnübergang. Sie sah überhaupt nicht aus wie ein Mädchen, das sterben will. Mit einem unbewegten, unergründlichen Blick starrte sie auf die schrill fiepende Alarmanlage.

Die untergehende Abendsonne tauchte den Ort in orangefarbenes Licht. Hinter Kazu wartete eine Mutter mit Kind, die vom Einkaufen kam, ebenfalls darauf, dass die Schranke aufging, außerdem noch eine Gruppe von Studenten auf dem Heimweg. Sie hörte eine Stimme.

»Es tut mir leid, Mama«, sagte das Kind. Es war eine ganz normale Unterhaltung zwischen Mutter und Kind.

Kazu sah die beiden einen Augenblick lang an.

Dann murmelte sie »Mama ...« und begann wie magnetisch angezogen auf die Schranke zuzugehen.

Im selben Moment ...

»Macht es dir etwas aus, mich mitzunehmen?«

Die Sprecherin dieser Worte war leise neben sie getreten. Es war Kinuyo, die Lehrerin an der Malschule des Viertels. Sie war damals, als Kaname in die Vergangenheit zurückkehrte, zufällig ebenfalls im Café gewesen. Zu sehen, wie Kazus Lächeln nach jenem schicksalhaften Tag verschwunden war, hatte ihr wehgetan, und sie war seither nicht von Kazus Seite gewichen und hatte auf sie aufgepasst.

Doch egal was sie zu ihr sagte, bis zu jenem Tag schien nichts Kazu helfen zu können. Als sie sagte: »Nimm mich mit«, meinte sie damit, dass sie bei dem Mädchen, das eine solche Seelennot litt, bleiben wollte.

Die kleine Kazu litt, weil sie das Gefühl hatte, am Tod ihrer Mutter schuld zu sein. Kinuyo hatte überlegt, wenn Kazu ihren Gefühlen nicht entrinnen konnte, würden sie gemeinsam zu dem Ort gehen, an dem Kaname war, und sich dort beide verbeugen.

Doch Kazu reagierte ganz anders auf ihre Worte, als sie erwartet hatte. Zum ersten Mal seit Kanames Tod strömten ihr Tränen aus den Augen, und sie schluchzte laut. Kinuyo wusste nicht, was Kazu so berührt hatte. Sie wusste nur, dass Kazu in ihrem Leid bisher allein gewesen war und dass sie nicht sterben wollte.

Nebeneinander standen sie an den Gleisen, während die Züge eine gefühlte Ewigkeit lang vorbeidonnerten. Kinuyo hielt Kazu fest an sich gedrückt und strich ihr über den Kopf, bis sie aufhörte zu weinen.

So verging die Zeit, bis die hereinbrechende Dunkelheit die beiden verschluckte.

Nach diesem Tag begann Kazu wieder, den Kunden, die in die Vergangenheit zurückkehren wollten, Kaffee einzuschenken.

Dong … dong …

Die mittlere Standuhr des Cafés schlug zweimal.

Es war mitten in der Nacht, und alles war still. Unter dem langsam kreisenden Deckenventilator las Kaname wie immer stumm in dem Roman, den Kazu ihr besorgt hatte.

Kazu verharrte vollkommen bewegungslos, wie der Gegenstand eines Stilllebens in einem Gemälde des Cafés – bis auf eine einzelne Träne, die ihre Wange hinablief.

DAS EHEPAAR

Die meisten Menschen freuen sich, wenn es Frühling wird, zumal nach einem kalten Winter.

Wann der Frühling beginnt, kann man allerdings nicht einem bestimmten Moment zuordnen. Es gibt keinen Tag, der eindeutig festlegt, wann der Winter aufhört und der Frühling anfängt. Der Frühling versteckt sich im Winter. Wir nehmen mit unseren Augen, unserer Haut und unseren anderen Sinnen wahr, wie er allmählich auftaucht. Wir entdecken ihn in neuen Knospen, einer angenehmen Brise und der Wärme der Sonne. Er besteht schon neben dem Winter.

»Denkst du immer noch an Kaname?«, fragte Nagare Tokita. Er klang, als spreche er mit sich selbst. Auf einem Barhocker sitzend, faltete er geschickt Papierservietten zu Kranichen.

Seine gemurmelten Worte waren an Kazu Tokita gerichtet, die hinter ihm stand. Aber Kazu fuhr nur stumm fort, den Tisch abzuwischen, und rückte den Untersetzer zurecht, auf dem die Zuckerdose stand.

Nagare legte den siebten Papierkranich auf den Tisch.

»Ich finde, du solltest das Baby bekommen«, sagte er und sah die arbeitende Kazu mit seinen schmalen, mandelförmigen Augen an. »Ich glaube, Kaname hätte ganz bestimmt …«

Ding, dong.

Das Läuten der Türglocke ließ ihn mitten im Satz abbrechen. Aber weder er noch Kazu sagten: »Hallo. Willkommen.«

Ein Besucher des Cafés musste, nachdem er durch die Tür mit der Glocke getreten war, noch einen Flur durchqueren, bevor er den Gastraum betrat. Nagare blickte stumm zum Eingang.

Einen Augenblick später tauchte mit verlegenem Gesicht Kiyoshi Manda auf. Kiyoshi war Kriminalbeamter und seit diesem Frühjahr in Pension. Er trug einen Trenchcoat und eine Schirmmütze und sah aus, als sei er einem Fernsehkrimi der Siebzigerjahre entsprungen. Obwohl er Kripobeamter war, hatte er nichts Einschüchterndes oder Hartes. Er war etwa so groß wie Kazu und lächelte viel. Er sah aus wie ein älterer, geselliger Mann, wie man ihm überall begegnen konnte.

Die Zeiger der mittleren Standuhr standen auf zehn Minuten vor acht. Das Café schloss um acht.

»Darf ich noch?«, fragte er vorsichtig.

Kazu antwortete wie immer: »Ja, kommen Sie herein.« Aber Nagare nickte nur ein wenig zurückhaltend.

Wenn Kiyoshi das Café besuchte, saß er immer an dem dem Eingang nächsten Tisch und bestellte einen Kaffee. Heute dagegen setzte er sich nicht an seinen Stammplatz, sondern blieb unschlüssig stehen.

»Nehmen Sie doch Platz«, sagte Kazu von hinter dem Tresen. Sie stellte ihm ein Glas Wasser ihn und bedeutete ihm mit einer Geste, sich zu setzen.

Kiyoshi lüftete höflich seine zerknitterte Schirmmütze. »Danke«, sagte er und setzte sich auf einen Hocker. Den Platz zwischen ihm und Nagare ließ er frei.

Nagare schob seine Papierkraniche behutsam zusammen. »Einen Kaffee wie immer?«, fragte er. Er stand auf und wollte in Richtung Küche gehen.

»Äh, eigentlich nicht. Heute …« Nagare blieb stehen, und Kiyoshi blickte zu der Frau im Kleid hinüber. Nagare folgte seinem Blick und kniff die Augen zusammen.

»Ja?«

»Eigentlich wollte ich das hier …« Er holte eine kleine Schachtel heraus, von der Größe etwa für einen Füller geeignet, eingeschlagen in Geschenkpapier. »… meiner Frau geben.«

»Ist das …?«, fragte Kazu, die das Päckchen erkannte.

»Ja, die Halskette, bei deren Auswahl Sie mir geholfen haben«, sagte Kiyoshi verschämt und kratzte sich durch seine Mütze am Kopf.

Im vorigen Herbst hatte Kiyoshi um Rat gefragt, was als Geburtstagsgeschenk für seine Frau geeignet wäre. Kazu hatte eine Halskette vorgeschlagen. Unfähig, selbst zu entscheiden, hatte Kiyoshi sie schließlich mitgenommen, um ihm bei der Auswahl zu helfen.

»Ich hatte fest vorgehabt, sie ihr hier zu schenken, aber als der Tag kam, wurde ich zu einem Notfall gerufen und hatte keine Gelegenheit mehr …«

Nagare wechselte einen Blick mit Kazu, während er ihm zuhörte. »Heißt das, Sie wollen zum Geburtstag Ihrer Frau zurückkehren?«, fragte er.

»Ja.«

Nagare biss sich auf die Lippe und schwieg. Zwei oder drei Sekunden vergingen, ohne dass jemand etwas sagte. Kiyoshi muss das Schweigen sehr lange vorgekommen sein.

»Keine Sorge, es geht alles in Ordnung«, fügte er hastig hinzu. »Ich kenne die Regeln gut.«

Doch Nagare schwieg immer noch, und die Falten auf seiner Stirn vertieften sich.

Kiyoshi spürte, dass an seiner Reaktion etwas sonderbar war.

»Was ist?«, fragte er unbehaglich.

»Ich will nicht unhöflich sein, aber ich verstehe nicht, warum Sie in die Vergangenheit zurückkehren müssen, um Ihrer Frau etwas zu schenken«, sagte Nagare mit einer leisen, entschuldigenden Stimme.

Kiyoshi nickte, als verstehe er jetzt den Grund für Nagares betretenes Schweigen. »Ha, ha, ha, natürlich … Ich weiß, was Sie meinen …« Er kratzte sich am Kopf.

»Es tut mir leid.« Nagare verbeugte sich hastig.

»Nein, nein, keine Ursache … Es ist meine Schuld, weil ich Ihnen keine angemessene Erklärung gegeben habe«, sagte Kiyoshi und griff nach dem Glas, das Kazu vor ihn gestellt hatte. Er nahm einen kleinen Schluck.

»Erklärung?«

»Ja«, sagte Kiyoshi. »Vor genau einem Jahr habe ich herausgefunden, dass man in diesem Café in die Vergangenheit zurückkehren kann.«

Kiyoshis Erklärung reichte bis zu seinem allerersten Besuch im Café zurück.

Ding, dong.

Als Kiyoshi eintrat, saß am hinteren Tisch weinend ein rotgesichtiger Mann und ihm gegenüber eine gebrechlich wirkende ältere Frau. Am Tresen stand ein Junge etwa im Grundschulalter und hinter dem Tresen ein zwei Meter großer Mann, der vermutlich zum Personal gehörte.

Der große Mann begrüßte Kiyoshi nicht beim Eintreten. Zu sehr war er damit beschäftigt, das Paar am hinteren Tisch zu beobachten. Nur der kleine Junge, der durch einen Strohhalm Orangensaft schlürfte, sah ihn neugierig an.

Man sollte sich nicht ärgern, wenn man beim Betreten eines Cafés nicht wahrgenommen wird. Bestimmt wird er mich gleich bemerken ... Kiyoshi erwiderte den Blick des Jungen mit einem Nicken und setzte sich an den Tisch gleich beim Eingang.

Kaum hatte er sich gesetzt, schien der weinende Mann plötzlich in eine Dunstwolke eingehüllt. Und dann verschwand er, wurde er gleichsam in die Decke hineingesogen.

Was war das!?

Während Kiyoshi noch mit vorquellenden Augen hinstarrte, erschien auf dem Stuhl, von dem der Mann verschwunden war, eine Frau in einem weißen Kleid. Das Ganze wirkte so bizarr wie die Vorführung eines Zauberers.

Was war da gerade passiert?

Vor seinen erstaunten Augen sprach die ältere Frau mit der Frau im weißen Kleid. Nach dem, was er verstand, sagte sie in etwa: »Wenn ich nur etwas tun könnte, um Kazu glücklich zu machen ...«

Die alte Frau war Kinuyo Mita und der verschwundene Mann ihr Sohn Yukio. Weil Kiyoshi den Vorfall als Augenzeuge erlebte, begriff er, dass man in diesem Café tatsächlich in die Vergangenheit zurückkehren konnte.

Als er später von den lästigen Regeln erfuhr, die für solche Zeitreisen galten, fand er erstaunlich, dass überhaupt jemand die Reise machen wollte. Wenn man die Gegenwart sowieso nicht ändern kann, so sehr man sich auch in der Vergangenheit abmüht, warum eine solche Reise überhaupt antreten? In der Folgezeit interessierte er sich zunehmend mehr für die Menschen, die sich, obwohl sie die Regeln kannten, trotzdem dafür entschieden.

»… Es war unhöflich von mir, ich weiß, aber ich habe beschlossen, mir die Menschen genauer anzusehen, die von hier in die Vergangenheit zurückgekehrt sind.«

Kiyoshi verbeugte sich vor Nagare, der weiter im Eingang zur Küche stand, und vor Kazu hinter dem Tresen.

»Ich habe durch meine Ermittlungen herausgefunden …«, Kiyoshi zog, bevor er fortfuhr, ein kleines schwarzes Notizbuch aus der Tasche, »… dass im Lauf der letzten dreißig Jahre einundvierzig Menschen auf diesem Stuhl gesessen haben und in der Zeit zurückgereist sind. Sie hatten alle ihre Gründe, wollten einen geliebten Menschen treffen, einen Ehemann, eine Tochter und so weiter. Aber vier von ihnen wollten in der Vergangenheit jemanden treffen, der gestorben war. Letztes Jahr waren es zwei, vor sieben Jahren einer, und vor zweiundzwanzig Jahren war es deine Mutter … insgesamt vier.«

Nagare lauschte seinen Ausführungen, und sein Gesicht schien sich blau zu verfärben.

»Woher um alles auf der Welt wissen Sie das?«, fragte er. Er wirkte aufgewühlt, Kazu dagegen starrte unbestimmt ins Leere.

Kiyoshi holte langsam Luft.

»Kinuyo hat es mir vor ihrem Tod erzählt«, sagte er voller Mitgefühl und sah Kazu an.

Als Kazu das hörte, senkte sie den Blick.

»Als Letztes sagte sie, sie habe dich als ihre Tochter betrachtet«, sagte er.

Kazu schloss ganz langsam die Augen.

»Ich war wirklich neugierig. Ich fragte mich, warum vier Menschen in die Vergangenheit reisen und Menschen treffen wollten, die inzwischen gestorben waren, obwohl sie die Regel kannten, dass man die Gegenwart nicht ändern kann, egal wie sehr man sich bemüht.« Kiyoshi blätterte in seinem Notizbuch.

»Es gab da eine Frau, die zurückkehrte, um ihre jüngere Schwester zu treffen, die bei einem Verkehrsunfall gestorben war. Sie hieß Yaeko Hirai ... Sie kennen sie vermutlich, nicht wahr?«

Nur Nagare antwortete. »Ja.«

Hirais Familie betrieb einen alten Gasthof in Sendai, und als ältestes Kind hatte sie den Betrieb übernehmen sollen. Doch sie wollte nicht, und als sie achtzehn war, zog sie aus, um ihr eigenes Leben zu führen. Die Eltern enterbten sie. Nur ihre Schwester hielt noch Kontakt zu ihr. Jedes Jahr besuchte sie Hirai und versuchte sie dazu zu überreden, nach Hause zurückzukehren. Dann verunglückte sie tragischerweise auf dem Heimweg von einem solchen Besuch bei einem Verkehrsunfall tödlich.

Hirai war in die Vergangenheit gereist, um sie zu treffen.

»Nach dem Treffen mit ihrer Schwester kehrte sie zu dem Gasthof zurück und übernahm ihn. Ich wollte ihre Seite der Geschichte hören, also fuhr ich nach Sendai.«

Sieben Jahre waren vergangen. Hirai war inzwischen als Betreiberin des Gasthofs sehr erfolgreich.

»Ich habe sie gefragt: ›Warum haben Sie Ihre tote Schwester besucht, obwohl Sie wussten, dass das die Gegenwart nicht ändern würde?‹ Sie lachte über meine unhöfliche, neugierige Frage und sagte dann Folgendes:

›Wenn ich aufgrund des Todes meiner Schwester in Trauer gelebt hätte, wäre es gewesen, als hätte ihr Tod mein Unglück verursacht. Das durfte ich nicht zulassen, dachte ich, und ich gelobte mir, dafür zu sorgen, dass ich glücklich war. Mein Glück wäre dann das Erbe des Lebens meiner Schwester.‹

Als ich das hörte, wurde mir klar, was ich falsch verstanden hatte. Ich hatte immer geglaubt, ich dürfe, weil meine Frau gestorben ist, nicht glücklich sein.«

Er verstummte und blickte langsam auf das Geschenk hinunter, das er in den Händen hielt.

»Ihr Frau weilt also nicht mehr unter uns?«, fragte Nagare leise.

Kiyoshi schien entschlossen, dass das nicht die Stimmung trüben sollte.

»Nein, aber das ist dreißig Jahre her«, wiegelte er ab.

Als Kazu das hörte, fragte sie: »Heute war also der Geburtstag Ihrer verstorbenen Frau?«

»Ja«, antwortete er und blickte zum Tisch in der Mitte hinüber. »Wir hatten uns damals hier treffen wollen, aber ich habe es aufgrund der Arbeit nicht geschafft. Damals hatte keiner von uns ein Handy, sie wartete also, bis das Café zumachte. Auf dem Heimweg geriet sie dann in einen Überfall.«

Als er fertig gesprochen hatte, rückte er seine Schirmmütze so zurecht, dass sie fest auf seinem Kopf saß.

»Das tut mir leid, ich wusste es nicht. Ich habe vorhin bestimmt unhöflich geklungen …«, sagte Nagare und verbeugte sich tief. Er bedauerte jetzt, dass er Zweifel an Kiyoshis Bedürfnis geäußert hatte, in die Vergangenheit zurückzukehren, nur um ein Geschenk zu überreichen.

Natürlich hatte er nicht wissen können, dass Kiyoshis Frau tot war, also ließ sich das nicht ändern. Trotzdem machte er sich Vorwürfe, so vorschnell gesprochen zu haben.

Ich habe vorschnell Schlüsse gezogen und hätte mir doch die volle Erklärung anhören sollen.

»O nein, nein. Im Gegenteil, ich hätte das gleich zu Anfang genauer erklären müssen«, sagte Kiyoshi hastig und verbeugte sich. »Entschuldigen Sie die Verwirrung. Seit dreißig Jahren lebe ich jetzt mit ständigen Schuldgefühlen. Wenn ich die Verabredung eingehalten hätte, wäre meine Frau nicht getötet worden, und alles wäre anders gewesen. Aber …«

Er machte eine Pause und richtete seinen Blick langsam auf Kazu.

»Auch wenn ich es noch so sehr bereue, es bringt die Tote nicht zurück.«

Nagare war sehr bewegt von Kiyoshis Worten, er schien etwas sagen zu wollen, fand aber anscheinend die Worte nicht. Kazu blickte abwesend in die Richtung der Frau im weißen Kleid. Kiyoshi sah liebevoll auf die Schachtel mit der Kette hinunter.

»Und deshalb möchte ich das hier meiner Frau schenken, solange sie noch gelebt hat«, sagte er leise.

Dong … dong … dong …

Die Standuhr schlug achtmal, und ihre Schläge erfüllten das ganze Café.

Kiyoshi stand auf.

»Bitte erlauben Sie mir, an jenen Tag vor dreißig Jahren zurückzukehren, an dem meine Frau noch gelebt hat, an ihren letzten Geburtstag«, sagte er mit einer tiefen Verbeugung.

Aber Nagares Miene blieb düster.

»Äh, Kiyoshi, es gibt da etwas, das Sie wissen müssen …«, begann er. Er hatte ganz offensichtlich Schwierigkeiten, zu sagen, um was es sich handelte, und suchte nach Worten. »Äh … sehen Sie … also, es ist so …«

Kiyoshi legte den Kopf schräg und sah Nagare an. Doch als Nächste sprach Kazu mit ihrem gewohnt unbewegten Gesicht.

»Aufgrund bestimmter Umstände ist es mit mir als Einschenkerin nicht mehr möglich, in die Vergangenheit zurückzukehren«, sagte sie.

Während Nagare die Situation sichtlich unangenehm war, klang Kazu so nüchtern, als gebe sie das Ende des Mittagstisches bekannt.

»Oh …« Kiyoshi schien bestürzt, das zu hören. »Gut, wenn das so ist«, murmelte er und schloss langsam die Augen.

»Kiyoshi …«

Er sah Nagare an, der ansetzte, etwas zu sagen.

»Nein, nein, ist schon in Ordnung«, sagte er mit einem Lächeln. »Ich habe vorhin gleich beim Hereinkommen gespürt, dass es ein Problem gibt. Natürlich ist es schade, aber da kann man eben nichts machen.«

Er tat sein Bestes, seine Enttäuschung zu verbergen, ließ den Blick ziellos durch den Raum wandern und mied die Blicke der anderen. Es wäre naheliegend gewesen, zu fragen, warum er nicht in die Vergangenheit zurückkehren konnte, aber er fragte nicht. Sein über die vielen Dienstjahre erprobter Instinkt sagte ihm, dass er keine Antwort bekommen würde. Weshalb es auch keinen Zweck hatte, noch länger zu bleiben. Er hatte nicht die Absicht, die Zeit der anderen zu verschwenden. Also nickte er höflich.

»Ich denke, Sie wollten sowieso gerade schließen«, sagte er und griff nach seiner Mappe, um das Geburtstagsgeschenk darin zu verstauen.

In diesem Augenblick …

Ein leiser Knall!

Das Geräusch, das die Frau im Kleid verursachte, als sie ihr Buch zuklappte, hallte durch den Raum.

»Oh«, entfuhr es Kiyoshi unwillkürlich.

Die Frau im Kleid stand langsam auf und ging, ohne ein Geräusch zu verursachen, in Richtung Toilette. Der Stuhl war leer. Die Person, die dort saß, konnte in eine Zeit ihrer Wahl reisen. Kiyoshi konnte auf einmal nur noch an den leeren Stuhl denken. Aber dann fiel ihm ein: Es ist ja niemand da, um den Kaffee einzuschenken.

Zu schade, dachte er, aber natürlich hatte es keinen Sinn, über Dinge nachzudenken, auf die man keinen Einfluss hatte.

»… Gut, ich mache mich dann mal auf den Weg.« Kiyoshi verbeugte sich vor Kazu und Nagare und wandte sich zum Gehen.

»Kiyoshi, warten Sie«, rief Nagare ihm nach. »Bitte geben Sie das Geschenk Ihrer Frau.«

Kiyoshi sah ihn verwirrt an und dachte über seine Worte nach.

»Aber wenn Kazu den Kaffee nicht einschenken kann, wie soll das gehen?«

»Es ist möglich …«

»Entschuldigung, aber wie meinen Sie das?«

Kiyoshi hatte sich im Lauf des vergangenen Jahres intensiv mit den Regeln für eine Rückkehr in die Vergangenheit beschäftigt. Unter anderem hatte er gelernt, dass nur Frauen der Familie Tokita den Kaffee einschenken konnten, der eine solche Rückkehr ermöglichte.

»Warten Sie ganz kurz«, sagte Nagare und verschwand im Hinterzimmer.

Kiyoshi sah Kazu verblüfft an, aber sie sagte nur ruhig: »Ich bin nicht die einzige Frau der Familie Tokita …«

Wie kann es in diesem Café noch eine andere Frau geben, obwohl ich sie nie gesehen habe?

Während Kiyoshi überlegte, wer das sein konnte, hörte er Nagare im Hinterzimmer sagen: »Los, beeil dich!«

Dann hörte er eine zweite Stimme.

»Endlich bin mal ich dran, moi!«

Es war die Stimme eines kleinen Mädchens, das ziemlich seltsam sprach.

»Aah …«, sagte Kiyoshi, als er sie erkannte.

»Danke, dass Sie gewartet haben, Monsieur!«, sagte Miki ungewöhnlich laut, als sie das Café betrat. Kiyoshi hatte angenommen, dass nur erwachsene Frauen den Kaffee servieren durften.

»Sind Sie es, Monsieur, der in die Vergangenheit zurückkehren will?«

»Miki, bitte, sprich normales Japanisch«, sagte Nagare erschrocken. Aber Miki winkte nur mit einer Fingerbewegung ab.

»Das geht nicht, moi, ich bin keine Japanerin«, erwiderte sie.

Nagare runzelte übertrieben die Stirn, als habe er mit einer solchen Antwort gerechnet. »Ach wie schade! Es gilt in diesem Café nämlich die Regel, dass die Person, die den Kaffee einschenkt, aus Japan kommen muss.«

»War nur ein Scherz! Ich bin Japanerin!«, rief Miki ungeniert.

Nagare seufzte ungeduldig und sagte: »Ja, das wissen wir doch alle. Jetzt beeil dich und mach dich bereit.«

Er bedeutete ihr mit der Hand, in die Küche zu gehen.

»Gut«, rief Miki eifrig und verschwand.

Während dieser Wortwechsel stattfand, stand Kazu wie völlig unbeteiligt da, als sei sie gar nicht anwesend.

»Hilfst du ihr bitte, Kazu«, rief Nagare.

»Ja, klar«, sagte Kazu. Sie entschuldigte sich mit einer Verbeugung bei Kiyoshi und eilte stumm in die Küche.

Nagare sah ihr nach und wandte sich dann an Kiyoshi.

»Äh, tut mir leid …«, sagte er als Entschuldigung für Mikis Herumgealbere. Aber Kiyoshi war überhaupt nicht gekränkt. Der Wortwechsel zwischen Miki und Nagare hatte ihn sogar aufgeheitert, berührt. Außerdem dachte er vor allem daran, dass er in die Vergangenheit zurückkehren konnte. Sein Herz klopfte vor freudiger Erwartung.

Er blickte auf den leeren Stuhl.

»Ich habe überhaupt nicht daran gedacht, dass Miki mir den Kaffee einschenken könnte«, sagte er.

»Sie ist letzte Woche sieben geworden«, sagte Nagare mit einem Blick zur Küche.

»Ach stimmt, jetzt, da Sie es sagen …«, sagte Kiyoshi, der sich plötzlich erinnerte.

Die Person, die den Kaffee einschenkte, musste nicht nur eine Frau der Familie Tokita sein, sondern außerdem auch noch mindestens sieben Jahre alt. Das hatte ihm Kazu einmal gesagt. Er hatte es damals für nicht weiter wichtig gehalten und nicht mehr daran gedacht.

Er blickte wieder zu dem Stuhl, der ihn in der Zeit zurückversetzen würde, und begann wie angezogen darauf zuzugehen.

Ich kehre in die Vergangenheit zurück.

Bei dem Gedanken wurde ihm ganz heiß. Er sah Nagare an.

»Nur zu, setzen Sie sich.«

Kiyoshi holte tief Luft und schob sich langsam zwischen Tisch und Stuhl. Sein Herz klopfte noch schneller.

Er setzte sich auf den Stuhl und holte das Geschenk, das er eben erst in seine Mappe gesteckt hatte, wieder heraus.

»Kiyoshi«, rief Nagare und kam auf ihn zu, ohne die Küche aus den Augen zu lassen.

»Ja, was ist?«, fragte Kiyoshi und hob den Kopf.

Nagare beugte sich herunter und flüsterte ihm mit vorgehaltener Hand etwas ins Ohr, als teile er ihm ein Geheimnis mit.

»Wegen Miki, sie schenkt den Kaffee zum ersten Mal ein. Ich denke, Sie sollten damit rechnen, dass sie ein wenig übertreibt. Wahrscheinlich wird sie Sie noch einmal über sämtliche Regeln belehren. Das tut mir leid, aber meinen Sie, Sie könnten da einfach mitspielen?«

Kiyoshi verstand genau, um was Nagare als Vater ihn bat. »Ja, selbstverständlich«, antwortete er.

Im nächsten Moment kam Miki aus der Küche und näherte sich ihnen mit kleinen Schritten. Sie trug nicht die Fliege und Kellnerschürze, die Kazu anhatte, wenn sie den Kaffee einschenkte, sondern ihr Lieblingskleid in Kirschblütenrosa und darüber eine weinrote Schürze. Die Schürze, die ihrer Mutter Kei gehört hatte, passte ihr dank Nagares Änderungen bestens.

In den Händen hielt sie schwankend das Tablett mit dem silbernen Kessel und der weißen Tasse, die aufgrund ihres ruckelnden Gangs auf der Untertasse klapperte.

Kazu überwachte sie vom Kücheneingang aus.

Als Miki bei Kiyoshi ankam, sprach Nagare.

»Miki«, begann er, »ab jetzt wirst du anstelle von Kazu den Kunden, die auf diesem Stuhl sitzen, Kaffee servieren. Bist du dazu bereit?«

Er sprach in einem ehrfürchtigen Ton.

Endlich war der Tag gekommen.

Sein unschuldiges kleines Mädchen stand im Begriff, eine ganz besondere Rolle zu übernehmen. Seiner ernsten Miene nach zu schließen, war ihm zumute wie einem Vater, der bei einer Hochzeit die Braut weggibt. Doch Miki war völlig egal, was er dachte. Sie war vollkommen darauf konzentriert, das Tablett mit Tasse und Kessel nicht fallen zu lassen.

»Äh, was?«, fragte sie ungeduldig. Sie verstand weder Nagares Gefühle noch die Bedeutung der bevorstehenden Aufgabe.

Als Nagare sah, mit welchem Eifer sie bemüht war, alles richtig zu machen, wurde ihm klar, dass sie noch ein Kind war – ein Gedanke, der ihn beglückte.

»Schon gut, nichts …«, sagte er mit einem kleinen Seufzer. »Weiter so, du machst das gut«, murmelte er. In seinen Augen lag der Anflug eines Lächelns.

Doch Miki hatte keine Zeit für seine Bemerkungen.

»Kennen Sie die Regeln?«, fragte sie Kiyoshi. Kiyoshi blickte fragend zu Nagare hinüber, und Nagare nickte nur stumm. Kiyoshi sah wieder Miki an.

»Kannst du sie mir vielleicht erklären?«, bat er lächelnd. »Ich nehme dir auch das Tablett mit der Tasse ab, wenn du willst.«

Miki nickte ernst und gab ihm das Tablett. Nur noch den silbernen Kessel in den Händen haltend, begann sie die Regeln zu erklären.

Da Kiyoshi die Regeln bereits kannte, war Miki schon nach zwei, drei Minuten mit ihren Ausführungen fertig.

Sie vergaß die Regel, dass man nicht vom Stuhl aufstehen darf, und andere Punkte führte sie nicht vollständig aus, aber Nagare ließ es durchgehen. Kiyoshi kennt die Regeln, also kann nichts passieren, dachte er.

Miki wirkte sehr zufrieden damit, wie sie die Regeln erklärt hatte. Jedenfalls sah sie Nagare mit einem stolzen Lächeln an und ließ ein triumphierendes Schnauben durch die Nase hören.

»Ausgezeichnet«, sagte Nagare sofort, er fügte allerdings hinzu: »Aber lass Kiyoshi nicht warten!«

»Nein!«, sagte Miki munter und wandte sich wieder an Kiyoshi. »Machen wir weiter?«

Bei Kazu, die bis dahin den Kaffee eingeschenkt hatte, hatten diese Worte sehr ernst geklungen, so ernst, dass der Kaffee gleich ein wenig abzukühlen schien.

Doch bei Miki war es anders. Ihr lächelndes Gesicht war so voller Liebe wie das einer Mutter, die ihr Baby ansieht. Ihr Lächeln strahlte Wärme aus und schien nicht zu einer Siebenjährigen zu passen. Wenn man die Aura eines Menschen irgendwie als Farbe sehen könnte, wäre Kazu zweifellos von einem blassen Aquamarin umgeben, Miki dagegen von Orange. So warm und einladend war die Atmosphäre, die sie verbreitete.

Bei ihrem Lächeln schien die Temperatur ein wenig anzusteigen.

Es ist so strahlend wie die Frühlingssonne, dachte Kiyoshi. »Ja, gern«, sagte er und nickte.

»Gut«, sagte Miki. »ABER DENKEN SIE DRAN: BEVOR DER KAFFEE KALT WIRD!«

Sie sagte es in ihrem Eifer ganz laut, und ihre Stimme hallte durch den Raum.

Viel zu laut ..., dachte Nagare und lächelte schief.

Miki hob den silbernen Kessel über ihren Kopf und begann einzuschenken. Der Kaffee fiel mit einem dünnen Strahl in die leuchtend weiße Tasse.

Es muss für die siebenjährige Miki sehr schwer gewesen sein, einen Kessel voller Kaffee so hochzuhalten. Sie tat ihr Bestes, mit nur einer Hand einzuschenken, aber die Tülle schwankte hin und her, und der Kaffee spritzte über den Rand der Tasse und hinterließ eine braune Pfütze in der Untertasse.

Miki nahm ihre Aufgabe ernst, aber ihre Stimmung war nicht so ernst wie die von Kazu beim Einschenken. Der Eifer, mit dem sie versuchte, ihr Bestes zu geben, war anrührend, und während Kiyoshi Miki unverwandt beim Einschenken zusah, füllte sich die Tasse mit Kaffee, und eine Dampfwolke stieg auf.

Im selben Moment spürte Kiyoshi, wie seine Umgebung sich verzerrte und zu flimmern begann. Da er schon sechzig war, sorgte er sich, das plötzliche Schwindelgefühl könnte bedeuten, dass er krank war.

Dass das ausgerechnet jetzt passieren muss, dachte er. Aber seine Sorge währte nur kurz, denn als Nächstes merkte er, wie sein Körper sich in Dampf auflöste. Er erschrak, war aber zugleich erleichtert, dass der Schwindel nicht mit seiner Gesundheit zusammenhing.

Sein Körper schien Wellen zu schlagen, und die Umgebung zog an ihm vorüber.

»Oh!«, rief er – nicht vor Schreck, sondern weil ihm plötzlich klar wurde, dass er noch gar nicht entschieden hatte, was er zu seiner Frau sagen sollte, wenn er ihr das

Geschenk gab. Schließlich hatte er sie seit dreißig Jahren nicht mehr gesehen.

Kimiko hat bestimmt nicht gewusst, dass man in diesem Café in die Vergangenheit zurückkehren kann …

Während sein Bewusstsein verging, überlegte er noch, wie er ihr die Kette überreichen wollte.

Kiyoshis Frau Kimiko hatte einen ausgeprägten Sinn für Recht und Unrecht. Sie und Kiyoshi kannten einander seit der Highschool und hatten beide den Ehrgeiz, zur Polizei zu gehen.

Sie bestanden auch beide die Aufnahmeprüfung, aber damals wurden nur wenige Frauen eingestellt, weshalb Kimiko keine Polizistin werden konnte. Kiyoshi wurde Wachtmeister und fiel durch seinen Einsatz in der Arbeit auf. Mit dreißig wurde er zur Ersten Abteilung der Kriminalpolizei versetzt. Die beiden waren zu diesem Zeitpunkt seit zwei Jahren verheiratet. Kimiko freute sich aufrichtig, als sie erfuhr, dass Kiyoshi bei der Kripo arbeiten würde. Kiyoshi dagegen bekam erste Zweifel, ob er dafür geeignet war.

Er war ein freundlicher, herzensguter Mensch und zur Polizei gegangen, um den Menschen zu dienen. Und er wollte Kimiko gefallen, die davon geträumt hatte, Polizistin zu werden. Doch bei der Kripo hatte er Schwierigkeiten. Die Erste Abteilung befasste sich mit Mord und Totschlag. Er war ständig mit der dunklen Seite beschäftigt, mit Menschen, die aus egoistischen Bedürfnissen oder Selbsterhaltungstrieb anderen das Leben nahmen. Er fühlte sich mental nicht stark genug, um dieser Wirklichkeit nur kraft seiner Überzeugungen und Ziele standzuhalten, und dachte oft: Wenn ich so weitermache, bekomme ich noch einen Nervenzusammenbruch.

Als er das Gefühl hatte, er wäre in Kürze am Ende seiner Kräfte, hatte er sich schließlich dazu durchgerungen, Kimiko zu sagen, dass er bei der Kripo kündigen wollte. Da er es schwierig fand, ein solches Thema zu Hause zu besprechen, hatte er sie unter dem Vorwand ihres Geburtstags in das Café eingeladen. Doch an dem vereinbarten Tag bekam er unerwartet viel zu tun und beschloss daher, das Gespräch mit Kimiko auf einen anderen Tag zu verschieben. Die Arbeit, die er doch angeblich so wenig mochte, war ihm wichtiger als das Treffen im Café. Als Folge davon wurde Kimiko in den Überfall verwickelt, der sie das Leben kostete.

Man konnte dieses Unglück wirklich nur tragisch nennen. Als Kiyoshi nicht zur vereinbarten Zeit auftauchte, wartete Kimiko auf ihn, bis das Café zumachte. Auf dem Nachhauseweg ging sie durch eine schmale Straße. Es war dunkel, aber die Straße war der kürzeste Weg zum Bahnhof. Plötzlich sah sie, wie ein Mann eine alte Frau ausraubte. Als Augenzeugin eines Verbrechens war es ihr mit ihrem starken Sinn für Recht und Unrecht unmöglich wegzusehen. Stattdessen beschloss sie, ganz ruhig mit dem Dieb zu sprechen. Dazu musste sie sich ihm allerdings vorsichtig nähern. Denn wenn sie ihn in Panik versetzte, tat er der alten Frau womöglich etwas an. Er hielt ein Messer in der Hand, aber sie war zuversichtlich, dass sie ihn zum Aufgeben überreden konnte, sobald sie seine Aufmerksamkeit gewonnen hatte. Doch genau in diesem Moment brüllte jemand von der anderen Straßenseite: »He, du! Was tust du da eigentlich?«

Als der Dieb das hörte, stieß er die alte Frau von sich weg und begann so schnell wie möglich in Kimikos Richtung zu rennen. Er wollte an ihr vorbei, geriet aber in Panik oder stolperte, jedenfalls stieß er mit ihr zusammen, während er noch das Messer hielt. Es handelte sich um einen Cutter mit einer dünnen, ersetzbaren Klinge, die nicht viel Schaden angerichtet hätte, wenn sie Kimikos Mantel getroffen hätte. Doch als er stürzte, streifte die Klinge Kimikos nackten Hals und durchtrennte eine Halsschlagader. Kimiko verblutete.

Hätte ich nur mein Versprechen gehalten, dann hätte ich auf sie aufpassen können …

Die Auswirkungen der Tragödie auf Kiyoshi waren gewaltig. Er brauchte nur an dem Café vorbeizugehen und bekam schon heftiges Herzklopfen. Der traumatische Schock hinterließ bei ihm tiefe Narben. Ein psychisches Trauma kann man von außen nicht sehen. Solche Wunden heilen auch nicht schnell, vor allem nicht bei jemandem wie Kiyoshi, der zu dem Schluss kam, am Tod der geliebten Person schuldig zu sein.

Er glaubte also, dass er, weil er nicht gekommen war, Kimikos Tod verursacht hatte. Vom Verstand her konnte er sich auch eine andere Version vorstellen, aber vom Gefühl her nicht. Zuletzt war er folgendem Schluss erlegen: Wenn ich Kimikos Tod auf dem Gewissen habe, was für ein Recht habe ich dann noch auf Glück?

Doch nach Gesprächen mit den Menschen, die im Café in die Vergangenheit zurückgekehrt waren, hatte er beschlossen, dass sich das ändern sollte.

»Wow, es stimmt also! Gerade ist aus dem Nichts ein Mann aufgetaucht!«, sagte eine männliche Stimme. Sie war das Erste, das Kiyoshi hörte, als er zu sich kam. Auf der Reise rückwärts durch die Zeit hatte er das Bewusstsein verloren. Ein Mann, der hinter dem Tresen stand und eine Schürze trug, die ihm nicht stand – und der aussah wie ein Hochschulforscher, der gerade ein Experiment durchführt –, sah ihn an. Als Kiyoshi den Blick erwiderte und einen Gruß andeutete, rief der Mann »Kaname!« und verschwand schlurfend im Hinterzimmer.

Er sieht nicht aus wie ein Mitarbeiter des Cafés, nicht einmal wie ein Aushilfskellner. Ob er neu ist?

Während ihm diese Gedanken durch den Kopf gingen, sah er sich in dem Raum um. Zwar war er in dem Café vor dreißig Jahren, aber es war schon genauso eingerichtet wie in der Gegenwart, bis ins kleinste Detail. Trotzdem war er überzeugt, tatsächlich in die Vergangenheit zurückgekehrt zu sein: Der Mann hatte eben nach Kaname gerufen, und von Kinuyo wusste er, dass so Kazus Mutter geheißen hatte.

Weitere Gäste schienen nicht anwesend zu sein. Er wollte gerade wieder seinen Gedanken nachhängen, da tauchte aus dem Hinterzimmer eine Frau auf. Sie trug eine rötlich braune Schürze über einem Kleid mit weißem Kragen und Blumenmuster, und ihr Bauch wölbte sich unübersehbar vor.

Offenbar war sie …

Es handelte sich um Kaname, schwanger mit Kazu.

Kaname lächelte.

»Hallo. Willkommen«, sagte sie mit einem kurzen höflichen Nicken zu Kiyoshi. Mit ihrer unbekümmerten Miene wirkte sie wie eine ganz andere Person als der Geist namens Kaname auf dem Stuhl.

Wie eine Person, die schnell das Eis brechen konnte und mit allen gut zurechtkam.

Das war Kiyoshis Eindruck von Kaname.

Hinter ihr sah er einen Mann, der sich in ihrem Schatten versteckte und ein Gesicht machte, als hätte er ein Gespenst gesehen. Kiyoshi setzte eine entschuldigende Miene auf.

»Oh, habe ich mit meinem plötzlichen Erscheinen jemanden erschreckt?«, fragte er Kaname.

»Bitte entschuldigen Sie uns. Mein Mann erlebt zum ersten Mal, dass jemand auf diesem Stuhl auftaucht.«

Es war als Entschuldigung gemeint, Kaname verbarg aber auch nicht ihre Belustigung. Und dem Mann war, seinem roten Kopf nach zu schließen, sein Erschrecken peinlich.

»Es tut mir leid …«, sagte er betreten.

»Aber Sie brauchen sich doch nicht zu entschuldigen«, erwiderte Kiyoshi.

Die beiden sehen glücklich aus, dachte er.

»Sind Sie gekommen, um jemanden zu treffen?«, fragte Kaname.

»Ja«, sagte er.

Kaname sah sich in dem leeren Café um und machte ein mitfühlendes Gesicht.

»Nein, kein Problem, ich weiß, wann sie kommt …« Kiyoshi blickte beim Sprechen auf die mittlere der drei Standuhren, um Kaname zu verstehen zu geben, dass er wusste, wie spät es war und wann die erwartete Person eintreffen würde.

»Ach so. Das ist gut …«

Sie lächelte und wirkte erleichtert.

Der Mann im Hintergrund sah Kiyoshi immer noch fassungslos an. Kiyoshi hatte eine Frage.

»War Ihr Mann denn noch nie dabei, wenn Sie den Kaffee einschenken?« Bis zu Kimikos Eintreffen war noch ein wenig Zeit, und er konnte der Versuchung nicht widerstehen, Kazus Mutter Kaname ein paar Fragen zu stellen.

»Mein Mann hilft nur aus, wenn er einen Tag freihat«, sagte Kaname. »Außerdem ist es gegenwärtig mit mir als Einschenkerin nicht mehr möglich, in die Vergangenheit zurückzukehren.«

Genauso hat Kazu sich ausgedrückt.

»Nicht mehr möglich? Wie kommt das?«, hörte Kiyoshi sich fragen. Es war, als wäre der Polizist in ihm eingeschaltet worden. In Gedanken lachte er darüber, dass er immer nachfragen musste, sobald ihm irgendeine Bagatelle unklar war.

Als Antwort legte Kaname die Hände auf ihren Bauch.

»Wegen meines Babys.« Sie lächelte glücklich.

»Tatsächlich? Warum?«

»Sobald eine Einschenkerin mit einem Mädchen schwanger ist, geht ihre Macht auf das Baby über …«

Kiyoshi bekam vor Überraschung große Augen.

»Es stimmt also, dass Ihre Tochter mit sieben in der Lage sein wird, Kaffee einzuschenken, damit Menschen in die Vergangenheit zurückkehren können?«

»Ja, das stimmt! Sie sind sehr gut informiert.«

Aber Kiyoshi hörte ihr nicht länger zu.

Kazu ist schwanger. Aber sie wirkte überhaupt nicht glücklich.

Wenn sie über ihre Schwangerschaft glücklich gewesen wäre, hätte er sie zumindest lächeln sehen wie die jetzt vor ihm stehende Kaname.

Vielleicht liegt es daran, dass …

Ein plötzlicher Gedanke traf ihn in der Seele.

Im selben Moment …

Ding, dong.

Die Türglocke läutete, und gleichzeitig ging die Wanduhr.

Dong, dong, dong, dong, dong …

Es war die Zeit, in der Kimiko eintreffen würde.

Kiyoshi war noch mit Kazu und Kaname beschäftigt. Seine Gedanken rasten.

»Die Person, auf die Sie warten, scheint da zu sein.«

Er hörte Kanames erleichterten Ton, holte tief Luft und beschloss, zu tun, weshalb er gekommen war.

»Ich schaffe das …«

Kaname hörte ihn murmeln und bedeutete ihrem Mann mit einem Zwinkern, ins Hinterzimmer zu gehen. Sie wollte nicht riskieren, dass er die Person, wegen der Kiyoshi gekommen war, irgendwie ablenkte.

Noch hatte niemand das Café betreten, aber es war ganz offensichtlich jemand da.

… Ob Kimiko mich erkennt?

Kiyoshis Herz begann zu hämmern.

Kimiko wusste nicht, dass man in diesem Café in die Vergangenheit zurückkehren konnte. Sie konnte deshalb unmöglich auch nur entfernt damit rechnen, dass ein sechzigjähriger Kiyoshi sie besuchte. Also würde sie ihn auf keinen Fall erkennen.

Aber nur zur Sicherheit zog er, während er wartete, seine zerknitterte Schirmmütze etwas tiefer in die Stirn, sodass sie fester auf dem Kopf saß.

»Hallo. Willkommen«, war Kanames Stimme zu hören.

Im nächsten Moment trat Kimiko ein.

Kiyoshi hob kaum merklich den Kopf und blickte verstohlen in ihre Richtung. Sie sah sich im Café um. Dann zog sie langsam ihren leichten Frühjahrsmantel aus und setzte sich an den mittleren der drei Tische. Einige Kirschblütenblätter fielen von ihren Schultern und schwebten taumelnd zu Boden. Kiyoshi hob den Kopf höher und sah ihr Gesicht von vorn.

Kaname brachte Kimiko ein Glas Wasser.

»Kann ich bitte einen Kaffee bekommen?«, fragte Kimiko.

»Heißen Kaffee?«

»Ja, bitte.«

»Kommt sofort.«

Während Kaname die Bestellung aufnahm, sah sie kurz zu Kiyoshi hinüber. Ihre Blicke trafen sich, sie lächelte und wandte sich wieder an Kimiko.

»Wir bereiten den Kaffee aus frisch gemahlenen Bohnen zu, wenn es Ihnen nichts ausmacht, ein wenig zu warten?« In ihrer Stimme schwang eine kaum hörbare Aufregung.

»Nein, überhaupt nicht. Ich warte sowieso auf jemanden«, sagte Kimiko freundlich.

»Gut, dann fühlen Sie sich wohl und genießen Sie Ihren Aufenthalt im Café.«

Kaname sah bei diesen Worten wieder zu Kiyoshi hinüber. Dann verschwand sie mit einem vergnügten Lächeln in der Küche. Kiyoshi und Kimiko blieben allein im Gastraum zurück. Sie saßen so, dass sie einander sehen konnten. Kiyoshi griff nach der Tasse vor ihm und tat so, als würde er trinken, während er Kimikos Gesicht betrachtete.

Vor dreißig Jahren war der Höhepunkt des japanischen Finanzbooms gewesen, und in den Geschäften hatte eine große Auswahl an Mode ausgelegen. Die Frauen sah man damals in aufwendigen bunten Kleidern durch die Stadt spazieren. Kimiko jedoch interessierte sich nicht für Mode. Sie trug unter ihrem leichten Mantel ganz schlicht einen grauen Hosenanzug. Trotzdem war sie mit ihrer aufrechten

Haltung und den schulterlangen, hinten zusammengebundenen Haaren eine würdige Erscheinung.

Plötzlich trafen sich ihre Blicke, und Kimiko lächelte ihn an.

»Hallo«, sagte sie.

Sie war nicht schüchtern. Wenn die andere Person in vorgerücktem Alter war, grüßte sie immer als Erste. Kiyoshi nickte als Antwort. Sie schien ihn nicht erkannt zu haben.

Sieht so aus, als würde alles klappen …

Er beschloss, loszulegen.

»Sind Sie Kimiko Manda?«, fragte er.

»Wie bitte?«

Kimiko war erschrocken, weil ein ihr unbekannter alter Mann sie mit Namen angesprochen hatte.

»Ja, richtig … und wer sind Sie?« Wie man es von einer geborenen Polizistin erwarten würde, reagierte sie auf die unerwartete Lage ganz ruhig.

»Also, ein Mann namens Kiyoshi Manda hat mir das für Sie gegeben …«

»Das ist von meinem Mann?«

»Ja.«

Kiyoshi schien von seinem Stuhl aufstehen zu wollen, um ihr das Geschenk zu überreichen.

»Ah! Nein, Sir!«, rief jemand alarmiert. »Bleiben Sie sitzen! Sie wissen, dass Sie das nicht tun sollten!« Kaname näherte sich ihm. Sie hielt sich mit einer Hand den Bauch. Sowohl Kiyoshi wie Kimiko sahen sie an, erschrocken über die plötzliche laute Stimme.

»Haben Sie nicht soeben gesagt, Sie hätten einen Bandscheibenvorfall und könnten kaum gehen?«, fragte Kaname Kiyoshi mit einem Augenzwinkern.

»Oh!«

Kiyoshi hatte die Regel ganz vergessen, dass man in der Vergangenheit sich nicht von dem Stuhl erheben durfte.

»Ach! Ja, natürlich! Autsch, tut das weh ...« Er legte hastig die Hand aufs Kreuz und machte eine Grimasse wie vor Schmerzen.

Er hätte mit seiner Schauspielerei wohl nicht alle getäuscht, aber Kimiko schien keinen Verdacht zu schöpfen.

»Was? Sie hatten einen Bandscheibenvorfall? Ist alles in Ordnung?«

»Ja ... es geht mir gut«, antwortete er, voller Bewunderung dafür, wie Kimiko zu allen so vorurteilslos freundlich sein konnte. Er stellte fest, dass er mit den Tränen kämpfte.

Kimiko wollte immer allen Menschen helfen und war zu allen nett. Wenn es etwas zu tun gab, zögerte sie nie und handelte immer in vollkommener Gewissheit. Manche hielten sie für einen zudringlichen Gutmenschen, aber ihr machte das nichts. Sie war die Erste, die im Zug ihren Platz für eine schwangere Frau oder eine ältere Person freigab, und wenn sie jemand ratlos an einer Straßenecke stehen sah, fragte sie ihn, ob er Hilfe brauchte.

Sie tat das nicht, weil sie Polizistin hatte werden wollen. Es war einfach ihre Art. Diese Seite ihrer Persönlichkeit hatte Kiyoshi schon an der Highschool am meisten angezogen.

»Es geht Ihnen ganz sicher gut?«, fragte Kimiko besorgt.

»Ja, danke«, antwortete er angespannt und wandte den Blick ab.

Er war defensiv, aber nicht, weil er sich Sorgen gemacht hätte, seine Lüge könnte auffliegen, sondern aus Furcht, Kimikos unwiderstehliche Menschenliebe könnte ihn zu Tränen rühren.

»Dann passen Sie jetzt bitte auf, ja?«, sagte Kaname zu Kiyoshi. »Ach ja, und der Kaffee schmeckt besser, solange er noch heiß ist«, fügte sie hinzu, bevor sie wieder in die Küche ging.

Kiyoshi sah Kimiko entschuldigend an.

»Tut mir leid«, sagte er mit einem Nicken.

Aber statt sich wieder zu setzen, fragte sie mit einem Blick auf seine Hände: »Wollten Sie mir das geben?«

»Äh, ja ...«

Er hielt ihr hastig die Schachtel hin.

Kimiko nahm sie und betrachtete sie neugierig. »Was könnte das sein?«

»Sie haben doch heute Geburtstag.«

»Was?«

»Heute.«

»Mhm.«

Kimiko riss überrascht die Augen auf und betrachtete die Schachtel in ihren Händen eingehend.

»... Ihr Mann sagte, er wolle unbedingt, dass Sie sich schon heute an dem Geschenk freuen. Es habe einen Notfall gegeben und er müsse nach Norden fahren. Bevor er in aller Eile aufbrach, bat er mich, Ihnen das zu geben. Er war vor einer halben Stunden noch hier.«

Das alles spielte zu einer Zeit, als der Durchschnittsmensch noch nicht mit Handy oder Piepser in der Stadt unterwegs war. Wenn man eine Verabredung absagen musste, musste man entweder den vereinbarten Treffpunkt anrufen oder jemanden darum bitten, eine Nachricht zu überbringen. War beides unmöglich, wartete die betreffende Person womöglich stundenlang.

Kiyoshi musste seine Pläne oft wegen dringender Polizeiangelegenheiten ändern, und wenn er mit Kimiko verabredet war, bat er manchmal Fremde, ihr etwas auszurichten. Deshalb war Kimiko jetzt auch nicht allzu überrascht.

»Ach wirklich?«, murmelte sie und riss das Einwickelpapier geräuschvoll auf. In der Schachtel lag eine Halskette mit einem ganz kleinen Diamanten. Bis dahin hatte Kiyoshi Kimiko noch nie etwas zum Geburtstag geschenkt. Das lag zum Teil daran, dass er immer zu beschäftigt war, aber auch daran, dass Kimiko ihre Geburtstage in der Vergangenheit als kleines Trauma erlebt hatte.

Sie hatte am 1. April Geburtstag, dem Tag der Aprilscherze. Als Kind hatten Freundinnen ihr oft etwas geschenkt, ihr alles Gute zum Geburtstag gewünscht, dann sofort gerufen April, April und ihr das Geschenk wieder weggenommen. Sie meinten es wahrscheinlich gar nicht böse, aber Kimiko fand es gar nicht schön, sich über ein Geschenk zu freuen und gleich im Anschluss zu hören, dass es sich um einen Aprilscherz handelte. Kiyoshi hatte sie in der Highschool in einer solchen Situation erlebt.

Es war der 1. April gewesen, die Kirschbäume standen in voller Blüte, und sie hatten gerade Frühjahrsferien. Ihre Klassenkameradinnen waren zusammengekommen, um ihr alles Gute zum Geburtstag zu wünschen. Sie überreichten ihr ein Geschenk und riefen sofort April, April. Natürlich wollten ihre Freundinnen nicht gemein sein und gaben ihr das Geschenk nach dem Aprilscherz gleich wieder zurück.

Kimiko bedankte sich mit einem Lächeln, aber einen Moment lang sah Kiyoshi die Traurigkeit, die sie zu verbergen suchte. Wenn er sie nicht so gerngehabt hätte, hätte er es wahrscheinlich gar nicht bemerkt. Selbst als sie schon ein Paar waren, plante sie immer etwas anderes, um ja nicht in die Lage zu geraten, ein Geburtstagsgeschenk zu bekommen. Doch Kiyoshi wollte ihr trotzdem richtig zum

Geburtstag gratulieren, zumindest zu ihrem letzten, und war deshalb in der Zeit zurückgereist.

Kimiko betrachtete die Halskette.

»Alles Gute zum Geburtstag«, sagte Kiyoshi leise.

Kimiko sah ihn überrascht an.

»Hat mein Mann das gesagt?«

»Was? Ja …«

Kaum hatte er es gesagt, da begannen dicke Tränen aus ihren Augen zu fließen. Kiyoshi war ganz aufgewühlt, sie so weinen zu sehen. Es war das erste Mal, seit sie sich kannten, dass er sie in Tränen aufgelöst sah. Für ihn war sie immer die starke Frau gewesen, die nichts erschüttern konnte. Selbst als man ihr bei verschiedenen Gelegenheiten mitgeteilt hatte, sie sei aufgrund der beschränkten Stellenzahl für Frauen nicht in die Polizei aufgenommen worden, hatte sie nicht geweint. Sie hatte nur finster entschlossen gesagt: Das nächste Mal schaffe ich es. Das war die Kimiko, die Kiyoshi gekannt hatte. Sie jetzt so weinen zu sehen, verwirrte ihn zutiefst.

»Was … was ist denn?«, fragte er nervös.

Er wusste nicht, ob sie sich einem völlig Fremden öffnen würde. Aber er wollte unbedingt den Grund für ihre Tränen wissen.

»Entschuldigung, Sie müssen mir verzeihen«, murmelte sie. Sie ging zu dem Tisch, an dem sie gesessen hatte, holte ein Taschentuch aus ihrer Handtasche und begann die Tränen wegzuwischen, als versuche sie, den Strom anzuhalten. Kiyoshi sah sie ängstlich an. Sie zog die Nase hoch, machte ein tapferes Gesicht und lächelte.

»Also, ich dachte eigentlich, mein Mann wollte sich heute von mir trennen«, sagte sie.

»Wie bitte?« Kiyoshi konnte nicht glauben, was er da

hörte. Nicht entfernt hatte er mit diesen Worten gerechnet.

Sein Schreck war so groß, dass er dachte: Bin ich etwa in eine andere Wirklichkeit zurückgekehrt?

»Also, äh …«

Er hatte zwar das Bedürfnis, etwas zu sagen, aber er brachte nichts über die Lippen. Um Zeit zu gewinnen, griff er nach der Kaffeetasse und nahm einen Schluck. Der Kaffee war deutlich kälter als noch vor einer Weile, höchstens noch lauwarm.

»Wenn es nicht zu aufdringlich ist, könnten Sie mir das näher erklären?« Kiyoshi verwendete die Formulierung, die da aus seinem Mund gekommen war, oft. Kimiko musste leise lachen.

»Sie klingen wie ein Polizist!«, sagte sie mit tränengeröteten Augen.

»Natürlich nur, wenn es Ihnen nichts ausmacht, mit mir darüber zu reden …«

Er war einen Moment lang in den Jargon der Polizei verfallen, hatte aber das Gefühl, ohne eine Erklärung für Kimikos Tränen nicht in die Gegenwart zurückkehren zu können. Manchmal offenbaren sich Menschen nur jemandem, dem sie vertrauen, bei anderen Gelegenheiten muss der Zuhörer ein völlig Fremder sein.

Kiyoshi sagte nichts mehr. Er wartete nur darauf, dass Kimiko antwortete. Er konnte nicht gut darauf bestehen, dass sie sich ihm öffnete. Die Zeit wurde knapp, aber er hatte so ein Gefühl, dass sie antworten würde. Sie stand vor dem Tisch, an dem sie gesessen hatte.

Das Schweigen wurde durch Kaname gebrochen, die mit einem köstlich duftenden Kaffee kam.

»Soll ich ihn hierher stellen?« Geschickterweise stellte sie den Kaffee nicht auf den Tisch, an dem Kimiko saß, sondern auf den von Kiyoshi.

Kimiko antwortete, ohne zu zögern. »Ja, gern.«

Kaname stellte den Kaffee zusammen mit der Rechnung auf Kiyoshis Tisch und zog sich wieder in die Küche zurück.

Kimiko nahm ihre Handtasche und kam an Kiyoshis Tisch.

»Macht es Ihnen etwas aus, wenn ich mich zu Ihnen setze?«, fragte sie mit einer Hand auf dem Stuhl ihm gegenüber.

»Nein, überhaupt nicht«, antwortete Kiyoshi mit einem Lächeln. »Also?« Er sah sie an.

Sie holte lautlos tief Luft.

»Im vergangenen halben Jahr hat mein Mann immer so schlecht gelaunt ausgesehen, und wir haben kein einziges richtige Gespräch geführt«, begann sie. »Wegen der Arbeit ist er oft nicht zu Hause, und in letzter Zeit sagt er, selbst wenn er zu Hause ist, nur noch aha, okay, Entschuldigung, ich bin heute Abend müde …«

Sie hob das Taschentuch wieder an die Augen.

»Heute sagte er, er hätte etwas Wichtiges zu besprechen.« Ihre Stimme bebte. »Ich dachte mir, bestimmt wird er mir eröffnen, dass er unsere Ehe beenden will.«

Sie blickte auf die Kette.

»Ich glaubte fest, er hätte meinen Geburtstag vergessen …«

Sie bedeckte ihr Gesicht mit den Händen, und ihre Schultern hoben und senkten sich.

Kiyoshi versuchte zu verdauen, was er gehört hatte. Er hatte kein einziges Mal daran gedacht, sich zu trennen. Aber konfrontiert mit Kimikos Darstellung, konnte er nachvollziehen, wie sie zu dieser Einschätzung gekommen war. Er war damals mit mehreren großen Fällen befasst gewesen und litt unter einem ständigen Mangel an Schlaf und Ruhe. Dazu kamen die Zweifel an seiner Eignung zum Kripobeamten. Das Gespräch mit Kimiko hatte er gemieden aus Furcht, ihr versehentlich zu sagen, dass er an Kündigung dachte. Er verstand jetzt, warum sie sein Benehmen so hatte deuten können.

Wie furchtbar, dass ich diesen Eindruck gemacht habe …

Wir können in andere Menschen nie wirklich hineinsehen. Wer in seinen eigenen Problemen versinkt, kann blind werden für die Gefühle der ihm wichtigsten Menschen. Kiyoshi wusste nicht, was er zu seiner Frau sagen sollte, die vor ihm weinte. Er tat ja so, als sei er nur ein Fremder, der an diesem Tag zufällig im Café war. Außerdem würde sie in nur wenigen Stunden ums Leben kommen. Er wusste zwar, was passieren würde, konnte aber nichts dagegen tun.

Langsam streckte er die Hand aus und nahm seine Tasse. Ihrer Temperatur in seiner Hand nach zu schließen, war der Kaffee fast kalt. Im nächsten Moment hörte er sich Worte sagen, die ihn selbst überraschten.

»Ich habe seit unserer Hochzeit kein einziges Mal an Scheidung gedacht.«

Er wusste, dass er die Wirklichkeit nicht ändern konnte. Doch die Vorstellung, Kimiko könnte mit einer solchen Last auf dem Herzen sterben, war ihm unerträglich. Ihm war egal, ob sie ihm glaubte oder nicht, er wollte ihr seine Identität offenbaren und wenigstens eine Ursache ihres Kummers beseitigen. Nur er konnte das tun.

»Ich komme aus dreißig Jahren in der Zukunft«, erklärte

er Kimiko, die ihn mit großen Augen ansah. »Aber eigentlich wollte ich dir etwas anderes Wichtiges erzählen.«

Er hustete kurz und richtete sich auf. Beschämt und peinlich berührt, weil Kimiko ihn so unverwandt anstarrte, zog er die Mütze ein wenig tiefer.

»In Wahrheit wollte ich dir sagen, dass ich bei der Kripo kündigen wollte«, sagte er. Der Schirm der Mütze bedeckte seine Augen, er konnte deshalb nicht sehen, wie Kimiko auf seine Worte reagierte. Trotzdem fuhr er fort.

»Ich musste täglich Tatorte besuchen und mit bedauernswerten Menschen sprechen … Das war ich leid. Ich lernte skrupellose Mörder kennen, die ohne jede Bedenken Kindern und älteren Menschen wehtun. Ich war darüber nicht nur traurig. Verzweiflung trifft es genauer … es war hart. Egal wie sehr wir uns in der Arbeit anstrengten, wir konnten nicht verhindern, dass diese Verbrechen passierten. Ich begann mich zu fragen, warum ich mir das antue, was ich damit ausrichte. Aber ich befürchtete, wenn ich dir das sage … also dass du mir böse sein würdest. Deshalb habe ich es immer wieder hinausgeschoben …«

Wahrscheinlich blieb ihm nur noch wenig Zeit, bis der Kaffee ganz kalt war. Ob Kimiko ihm glaubte, spielte für ihn keine Rolle. Er wollte ihr nur sagen, was er ihr seiner Überzeugung nach hätte sagen sollen.

»Aber keine Sorge, ich habe nie gekündigt«, sagte er und holte tief Luft.

»Und wir haben uns auch nicht getrennt«, fügte er leise hinzu.

Er log mit der Inbrunst der Verzweiflung, und seine Handflächen waren schweißnass. Kimiko hatte noch nicht geantwortet. Unfähig, etwas anderes zu tun, starrte er nur auf die Tasse vor ihm. Aber er hatte gesagt, was er hatte sagen müssen. Ansehen konnte er Kimiko nicht, zu groß war seine Angst vor dem, was ihr Gesicht zeigen mochte, aber er empfand keinerlei Reue.

»… Meine Zeit ist aufgebraucht, ich muss gehen«, sagte er. Doch als er noch einmal nach der Tasse griff, sprach sie.

»Ich wusste es … Kiyoshi, bist das wirklich du?«

Er konnte dem Ton ihrer Stimme entnehmen, dass sie noch Zweifel hatte. Aber zu hören, wie sie seinen Namen sagte!

Ein warmes Leuchten trat in seine Augen. Doch sie hatte auch gesagt, sie hätte es gewusst, was ihn verwirrte. Er glaubte nicht, dass sie wusste, dass man in diesem Café in die Vergangenheit zurückkehren konnte.

»Woher hast du es gewusst?«

»Deine Schirmmütze ..«

»Ah …«

Die zerknautschte Schirmmütze, die er trug, war ein Geschenk Kimikos gewesen. Kimiko hatte sie eigens für ihn anfertigen lassen, als er bei der Kripo anfing.

Sie betrachtete die Mütze.

»Wie ich sehe, hast du sie viel getragen«, sagte sie lächelnd.

»Ja.«

Über dreißig Jahre waren vergangen, seit er sie geschenkt bekommen hatte. Inzwischen konnte er sich gar nicht mehr vorstellen, sie nicht zu tragen.

»Deine Arbeit muss anstrengend gewesen sein.«

»Schon.«

»Warum hast du nicht gekündigt?«, fragte sie mit leiser werdender Stimme.

Der wirkliche Grund war, dass er seine Schuldgefühle nicht loswurde, dass nämlich er schuld daran war, dass

Kimiko in den Überfall verwickelt wurde, weil er ihre Verabredung nicht eingehalten hatte. Weiter Kripobeamter zu sein war seine Art, sich selbst zu bestrafen. Als Antwort auf die Frage sah Kiyoshi Kimiko in die Augen.

»Du warst für mich da …«, sagte er.

»Ich war da?«

»Ja.«

»Wirklich?«

»Ja«, wiederholte er in voller Überzeugung und ohne jedes Zögern. Aus den Augenwinkeln nahm er eine Bewegung wahr und drehte den Kopf. Kaname sah ihn an und zwinkerte ihm verstohlen genau einmal zu.

Du musst demnächst gehen.

Kiyoshi verstand, was das Zwinkern bedeutete. Kaname mit der Hand auf ihrem dicken Bauch erinnerte ihn an Kazu.

Kiyoshi nickte Kaname kaum merklich zu und blickte auf seine Tasse hinunter.

»Also ich muss jetzt zurückkehren.«

»Kiyoshi …«

Kimiko sagte seinen Namen, als er die Tasse zum Mund führte. »… warst du denn glücklich?« Ihre Stimme erstarb.

»Aber ja«, sagte er und trank die Tasse auf einen Zug leer. Als er den Kaffee schmeckte, setzte sein Herz einen Schlag aus. Er war schon kälter als Körpertemperatur.

Wenn Kaname mich nicht eben aufmerksam gemacht hätte, wäre der Kaffee noch ganz kalt geworden.

Er sah zu ihr hinüber, und sie antwortete mit einem unsagbar anrührenden Lächeln.

Schwindel erfasste ihn, und seine Umgebung setzte sich langsam in Bewegung und zog an ihm vorbei. Im nächsten

Moment begann sein Körper, sich in weißen Dampf zu verwandeln.

»Danke …«

Er sah, wie Kimiko die Halskette an die Brust drückte.

»… dafür.«

Sie sah Kiyoshi mit einem glücklichen Lächeln an.

»Sie steht dir«, sagte er auf seine schüchterne Art. Aber er wusste nicht, ob sie ihn noch hörte.

»Er ist wieder da!«, rief Miki laut, als Kiyoshi zur Besinnung kam.

Miki sah sich nach Nagare um und grinste breit. Der erste Kunde, den sie in die Vergangenheit geschickt hatte, war zurückgekehrt. Sie wirkte höchst zufrieden mit sich. Nagare ließ einen erleichterten Seufzer hören und wuschelte ihr liebevoll durch die Haare. »Gut gemacht.«

Nur Kazu behielt ihre wie immer unbewegte Miene bei, als sie an den Tisch kam, um für die aufgedrehte Miki Kiyoshis Tasse wegzuräumen.

»Wie ging es?«, fragte sie.

»Sie sind also schwanger?«, sagte er.

Ein Klirren und Scheppern.

Der Lärm des zu Boden fallenden Tabletts erfüllte das ganze Café. Der Schuldige war Nagare.

»Papa! Sei nicht so laut!«, schimpfte Miki.

»Tut mir furchtbar leid«, sagte er und hob das Tablett rasch auf.

Kazu hatte kaum mit der Wimper gezuckt.

»Ja, stimmt«, sagte sie.

»Woher wissen Sie das?«, fragte Nagare.

»Ich habe Ihre Mutter getroffen, und sie war mit Ihnen schwanger«, erklärte Kiyoshi an Kazu gewandt. »Sie sagte, sie könne nicht Kaffee einschenken, solange sie schwanger sei.«

»Das hat sie gesagt?« Kazu war bereits auf dem Weg zur Küche, um die von Kiyoshi verwendete Tasse wegzubringen.

In diesem Augenblick kam die Frau im weißen Kleid, Kaname, von der Toilette. Kiyoshi stand auf, verbeugte sich kurz und machte ihr Platz. Kazu kehrte mit einem Kaffee für Kaname aus der Küche zurück.

Als sie den Kaffee vor Kaname abstellte, sagte Kiyoshi leise zu ihr: »Ihre Mutter wirkte glücklich.«

Kazu hielt in ihrer Bewegung inne.

Sie verharrte nur einen Augenblick, und sowohl Nagare als auch Kiyoshi warteten gespannt auf ihre Antwort. Dann rettete Miki sie alle vor dem betretenen Schweigen.

»Oh, schaut mal!«, rief sie.

Sie ging in die Hocke und hob etwas vom Boden auf. Eingeklemmt zwischen Daumen und Zeigefinger hielt sie ein einzelnes Kirschblütenblatt. Jemand musste es auf dem Kopf oder den Schultern hereingebracht haben.

Ein Kirschblütenblatt zu finden, ist eine Art, den Frühling zu bemerken.

Miki hielt das Blatt den anderen hin.

»Es ist Frühling!«, rief sie, und Kazu lächelte sanft.

»Seit dem Tag, an dem meine Mutter nicht aus der Vergangenheit zurückkehrte …«, begann sie mit ruhiger Stimme. »Seit damals habe ich mich immer davor gefürchtet, glücklich zu sein.«

Sie klang, als spreche sie mit jemand anderem als den im

Café Anwesenden. Oder eigentlich schien sie mit dem Café selbst zu sprechen.

»Der Grund war, dass an dem Tag, als meine Mutter plötzlich verschwand … der stete Strom glücklicher Tage und das Glück der Person, die mir am meisten bedeutete, abrupt endete.«

Tränen begannen ihr über das Gesicht zu laufen.

Seit dem Tag, an dem Kaname nicht aus der Vergangenheit zurückgekehrt war, hatte Kazu keine Freundinnen mehr gefunden, nicht einmal in der Schule. Zu groß war ihre Angst, sie zu verlieren. Sie trat nie in einen Verein ein oder gehörte zu einer Clique, weder in der Mittelstufe noch in der Oberstufe. Wenn sie zum Spielen eingeladen wurde, ging sie nicht hin. Nach Unterrichtsende kehrte sie sofort ins Café zurück, wo sie aushalf. Sie hatte zu niemandem eine Beziehung und interessierte sich nicht für andere. Hinter allem stand der Gedanke: Ich darf nicht glücklich sein. Ihr ganzes Leben lang hatte sie sich das eingeredet.

Sie widmete sich ganz dem Café. Sonst wollte sie nichts, und sie machte sich auch keine Hoffnungen auf etwas anderes. Sie lebte einzig und allein dafür, Kaffee einzuschenken. Es war ihre Art, sich dafür zu bestrafen, was ihrer Mutter zugestoßen war.

Nagare traten Tränen in die Augen. Es waren die Tränen eines Mannes, der seit jenem Tag ständig an Kazus Seite gewesen war und auf sie aufgepasst hatte.

»Mir ging es genauso«, sagte Kiyoshi. »Wenn ich damals die Verabredung eingehalten hätte, wäre meine Frau womöglich noch am Leben. Ich glaubte, mein Fernbleiben sei an ihrem Tod schuld und ich hätte es nicht verdient, glücklich zu sein.«

Kiyoshi war ganz ähnlich ein Sklave seiner Arbeit geworden. Er hatte es sich absichtlich schwer gemacht. Dabei war er immer in der Vorstellung gefangen: Ich verdiene es nicht, glücklich zu sein.

»Aber ich habe mich geirrt. Das weiß ich von den Menschen, die ich durch dieses Café kennengelernt habe.«

Er hatte nicht nur mit Kaname gesprochen und mit Hirai, die zurückgekehrt war, um ihre tote Schwester zu sprechen, sondern auch mit einer Frau, die ihren Freund getroffen hatte, von dem sie sich getrennt hatte, und mit einer Frau, die ihren Mann getroffen hatte, an den sie sich immer weniger erinnern konnte. Des Weiteren gab es noch den Mann, der im vorigen Frühjahr zurückgekehrt war, um seinen guten Freund zu sehen, der vor zweiundzwanzig Jahren gestorben war, und den Mann, der im vorigen Herbst zu seiner Mutter zurückkehrte, die im Krankenhaus gestorben war. Im Winter schließlich kam ein Mann, der wusste, dass er demnächst sterben würde, aus der Vergangenheit, um die Geliebte, die er zurückließ, glücklich zu machen.

»Die Worte, die er zurückließ, fand ich besonders bewegend.«

Kiyoshi zog sein kleines schwarzes Notizbuch heraus und las laut vor.

»›Wenn du dagegen versuchst, glücklich zu sein, dann hat das Kind mit seinen siebzig Tagen dazu beigetragen, dich glücklich zu machen. Dann hatte sein Leben eine Bedeutung. Nur du kannst das Leben, das dem Kind gegeben wurde, bedeutungsvoll machen. Deshalb musst du alles daransetzen, glücklich zu sein. Die Person, die das am meisten für dich will, ist dieses Kind.‹ Anders ausgedrückt, die Art, wie ich mein Leben lebe, ermöglicht meiner Frau, glücklich zu sein.«

Kiyoshi hatte diesen Eintrag schon so oft gelesen, dass

die Seite in seinem Notizbuch schon ganz zerknittert und fleckig war.

Die Worte schienen auch etwas in Kazu anzusprechen – abermals strömten ihr die Tränen über das Gesicht.

Kiyoshi steckte das Notizbuch in die Jackentasche und zog sich die Schirmmütze fester über den Kopf.

»Ich halte es für vollkommen ausgeschlossen, dass Ihre Mutter deshalb nicht zurückgekehrt ist, um Sie unglücklich zu machen. Bekommen Sie also Ihr Baby … und …«

Er holte tief Luft und sah Kazu an, die ihrerseits Kaname ansah.

»Sie dürfen glücklich sein«, endete er.

Kazu schloss langsam die Augen, ohne etwas zu sagen.

»Jedenfalls danke für den Kaffee.« Kiyoshi legte das Geld auf den Tresen und ging zum Ausgang. Nagare bedankte sich mit einem Nicken.

»Ach …«, sagte Kiyoshi und drehte sich abrupt um.

»Etwas vergessen?«, fragte Nagare.

»Nein«, erwiderte er und wandte sich an Kazu.

»Die Halskette, die Sie mit mir ausgesucht haben, hat meiner Frau ganz ausgezeichnet gefallen«, sagte er. Mit einer Verbeugung ging er hinaus.

Ding, dong.

Wieder erfüllte Stille das Café.

Miki, die zweifellos erleichtert war, dass ihre Aufgabe geschafft war, begann einzunicken, noch während sie Nagares Hand hielt.

»Ach so, natürlich.«

Nagare begriff, warum Miki plötzlich so still war, und nahm sie mit einem »allez hopp!« auf den Arm.

Das Kirschblütenblatt löste sich von Mikis Fingern und schwebte taumelnd zu Boden.

»Frühling, was?«, brummte Nagare.

»Großer Bruder …«

»Hm?«

»Also dann … dann darf ich wohl glücklich sein?«

»Ja, natürlich. Sie kann das ab jetzt von dir übernehmen …«

Er rückte Miki auf seinem Arm zurecht.

»Überhaupt kein Problem«, sagte er und verschwand in dem dunklen Hinterzimmer.

»… hm.«

Ein langer Winter war am Ende angelangt.

Der Innenraum hatte sich seit damals nicht verändert.

»Mama …«

Der an der Decke hängende hölzerne Ventilator kreiste langsam.

»Ich …«

Die drei großen Standuhren zeigten jede eine andere Zeit. Die Schirmlampen tauchten den Raum in sepiafarbenes Licht.

Die Zeit schien in diesem Café stillzustehen. Kazu holte tief Luft und legte die Hand auf ihren Bauch.

»Ich werde glücklich sein«, rief sie.

Als sie es rief, lächelte Kaname, ohne den Blick von ihrem Roman zu heben. Es war dasselbe anrührende Lächeln, mit dem sie, als sie noch lebte, Kazu angesehen hatte.

»Mama?«, sagte Kazu. Im selben Moment stieg Kanames Körper wie der Dampf frisch eingeschenkten Kaffees zur Decke auf.

Einen Moment lang hing der Dampf in der Luft, dann verschwand er einfach in der Decke.

Kazu schloss langsam die Augen.

Kaname war verschwunden, und auf dem Stuhl saß ein älterer Herr. Er nahm den Roman, der noch auf dem Tisch lag, und schlug die erste Seite auf.

»Ich nehme einen Kaffee, wenn es recht ist«, sagte er zu Kazu.

Einen Moment lang verharrte sie noch bewegungslos, den Blick stumm zur Decke gerichtet. Dann senkte sie ihn schließlich und sah ihn an.

»Selbstverständlich. Ich bereite ihn gleich zu.« Beschwingt ging sie in Richtung Küche.

Die Jahreszeiten folgen in einem Zyklus aufeinander.

Auch das Leben durchläuft schwierige Winter.

Aber auf jeden Winter folgt ein Frühling.

Hier war es soeben Frühling geworden.

Kazus Frühling hatte gerade begonnen.